ESQUISSES COLONIALES

HISTORIQUES ET HUMANITAIRES.

———

INFLUENCE DE L'ESCLAVAGE

SUR

LE CARACTÈRE, L'INTELLIGENCE ET LE SENS MORAL
DES NÈGRES, DES BLANCS, ET HOMMES DE TOUTE COULEUR

DANS NOS COLONIES DES ANTILLES.

Par M. Pelouze père. 1027

———

Vis consili expers mole ruit suâ :
Vim temperatam Dii quoque provehunt
In majus ; idem odére vires
Omne nefas animo moventes.

———

PARIS,
CHEZ L'AUTEUR, HÔTEL DES MONNAIES, QUAI CONTI,
CHEZ H. COUSIN, LIBRAIRE,
ÉDITEUR DU JOURNAL D'HORTICULTURE,
Rue Jacob, n° 21 ;
LOUIS LECLERC, LIBRAIRE,
Place de l'École-de-Médecine, n° 12 ;
et chez les principaux Libraires & Commissionnaires en Librairie.

ESQUISSES COLONIALES

HISTORIQUES ET HUMANITAIRES.

INFLUENCE DE L'ESCLAVAGE

SUR

LE CARACTÈRE, L'INTELLIGENCE ET LE SENS MORAL

DES NÈGRES, DES BLANCS, ET HOMMES DE TOUTE COULEUR

DANS NOS COLONIES DES ANTILLES.

Par M. Pelouze père. 1027

Vis consili expers mole ruit sua;
Vim temperatam Dii quoque provehunt
In majus; idem odere vires
Omne nefas animo moventes.

PARIS,
CHEZ L'AUTEUR, HÔTEL DES MONNAIES, QUAI CONTI,
CHEZ H. COUSIN, LIBRAIRE,
ÉDITEUR DU JOURNAL D'HORTICULTURE,
Rue Jacob, n° 21 ;
LOUIS LECLERC, LIBRAIRE,
Place de l'École-de-Médecine, n° 12 ;
et chez les principaux Libraires & Commissionnaires en Librairie.

ESQUISSES COLONIALES.

———— 10.27

(*Partie détachée de l'Histoire de la Marine Militaire de la République et de l'Empire, par le même auteur, et actuellement sous presse. — 3 vol. in 8°. avec un bel atlas*).

ESQUISSES COLONIALES

HISTORIQUES ET HUMANITAIRES.

INFLUENCE DE L'ESCLAVAGE

SUR

LE CARACTÈRE, L'INTELLIGENCE ET LE SENS MORAL
DES NÈGRES, DES BLANCS, ET HOMMES DE TOUTE COULEUR

DANS NOS COLONIES DES ANTILLES.

Par M. Pelouze père.

Vis consili expers mole ruit suà;
Vim temperatam Dii quoque provehunt
In majus; iidem odère vires
Omne nefas animo moventes.

PARIS,

CHEZ L'AUTEUR, HÔTEL DES MONNAIES, QUAI CONTI,

CHEZ H. COUSIN, LIBRAIRE,
ÉDITEUR DU JOURNAL D'HORTICULTURE,
Rue Jacob, n° 21;

LOUIS LECLERC, LIBRAIRE,
Place de l'École-de-Médecine, n° 12;
et chez les principaux Libraires & Commissionnaires en Librairie.

1847

Qui non libere veritatem pronuntiat, proditor est veritatis.

Pour l'Histoire de la Marine, l'auteur a dû naturellement solliciter des documents dans les bureaux
ministériels ; mais il croit devoir déclarer formellement ici, qu'en ce qui se rattache à la question de
l'esclavage, et en général pour tout ce qui touche
aux événements des colonies et à la part qu'ont pu
y prendre les diverses fractions de la population,
les opinions soutenues et les sentiments exprimés
par l'auteur lui appartiennent exclusivement; qu'il
en accepte personnellement la responsabilité, et qu'il
ignore quelles sont les vues et les dispositions du
gouvernement : par conséquent, on ne doit conclure
de ce qu'il a écrit, rien qui indique de près ni de
loin le triomphe *momentané* des idées coloniales, ou
celui plus durable de l'humanité et de la justice.

Au surplus, malgré les meilleures intentions, les
gouvernements subissent quelquefois l'inflexible loi
de la nécessité.

Mais qu'aux colonies on n'oublie pas que :

> *Raro antecedentem scelestum*
> *Deseruerit pede pœna claudo.*

HOR.

SITUATION

DES

ÉTABLISSEMENTS COLONIAUX.

—————◦◦◦—————

RÉPUBLIQUE HAÏTIENNE,

CI-DEVANT COLONIE DE SAINT-DOMINGUE.

—————▰◆▰—————

Après la guerre si désastreuse pour l'Angleterre, qui avait abouti au traité de Paris, cette orgueilleuse puissance, momentanément mais profondément humiliée, retrouva le repos avec tous les éléments de prospérité qui ne lui faisaient pas encore défaut, et qui furent fécondés par le génie de son peuple, son patriotisme, le grand courage, la persévérance de ses hommes d'état, si éminents. Jamais le caractère anglais, jamais cet admirable esprit de nationalité ne se manifesta chez aucun peuple d'une manière plus digne du respect des nations rivales comme des nations amies.

Dans l'année 1784, le nuage de l'adversité commença à s'éclaircir graduellement. Ses précieuses et vastes colonies du continent américain venaient d'être à jamais ravies à la mère-patrie par les efforts combinés de ses sujets rebelles et des puissances européennes, jalouses de sa prospérité, inquiètes de l'étendue de sa domination. La France surtout, réclamait la plus large part dans ce résultat, dont elle attendait, comme conséquence certaine, un long abaissement de son éternelle rivale. L'on pouvait, en effet, présager avec toute probabilité que l'Angleterre ne se relèverait que difficilement d'un tel échec, et que tout ce qu'elle allait perdre, en puissance et en richesse, deviendrait le lot de l'auteur principal de ses malheurs.

L'événement a en grande partie, donné un démenti à ces prévisions; du moins, si l'on ne considère le résultat qu'au point de vue d'agrandissement territorial, d'extension de commerce et d'accumulation de richesses; si l'on ne compte pour rien l'émancipation des castes opprimées, l'essor donné à la pensée, l'acquisition de la liberté.

En effet, si l'on dédaigne ces derniers résultats, beaucoup de personnes concluront que l'appui donné aux colons anglais insurgés est déplorable, parce qu'il est retombé sur le monarque français ; et ceux qui, dans un état, ne voient que le monarque, sa cour et les privilégiés, ayant seuls part aux faveurs, peuvent, à bon droit, regretter qu'il existe une république des États-Unis.

Quoi qu'il en soit de la moralité, de l'humanité de ces opinions influencées par l'intérêt de caste, il n'est pas douteux que la part active prise par Louis XVI à l'émancipation des colonies anglaises, n'ait été de nature à hâter la révolution française et notre propre émancipation, dans les limites où elle s'est arrêtée. Mais lors même que e cabinet de Versailles serait resté immobile à la vue des efforts faits par les colonies anglaises pour briser le joug de la métropole, pense-t-on que cette inaction aurait, pendant bien longtemps encore, étouffé le germe des idées libérales en France ? Tout n'était-il pas mûr pour une régénération de la société ?

On a dit, répété, et une foule d'écrivains, se traînant à la suite les uns des autres, ont reproduit et commenté les reproches faits au cabinet de Versailles. On a dit que la noblesse française, appelée à servir dans l'armée de Washington, avait rapporté en France des idées de liberté auxquelles il fallait attribuer le mécontentement qui se propageait en France contre la cour. Petit motif dans une grande cause ! Était-ce donc l'opinion de quelques gentils-hommes qui pesait beaucoup ? elle n'était qu'imperceptible dans le flot des griefs de 25 millions de Français gémissant sous le poids des abus et des outrages. Eh ! quelle opposition que celle des guerriers revenus d'Amérique ? Combien en est-il resté de fidèles au premier élan de liberté qu'ils avaient manifesté ? C'est à peine si l'on peut compter une demi-douzaine d'amis persévérants de la réforme sociale. Voyez *les Actes* des États-Généraux, de l'assemblée Constituante et de la première Législature ; c'est chez ces prétendus patriotes, de noble origine, que vous trouverez les opinions les plus fougueuses, les plus désordonnées, les plus hostiles à la cause du peuple.

Et comme l'hypocrisie vient toujours en aide à la mauvaise foi, les vitupérateurs de l'intervention française dans les affaires des colonies anglaises, ont appelé au soutien de leur système, ce qu'ils ont qualifié de considération morale. Louis XVI, ont-ils dit, ne pouvait, sans manquer aux devoirs imposés à la royauté, miner la puissance du souverain légitime de la Grande-Bretagne.

S'adressant au roi, ils lui faisaient dire, par un écrivain favorable à l'Angleterre : « Vous armez, monarque imprudent ; oubliez-vous dans quel siècle, dans quelles cir-

constances et sur quelle nation vous régnez? Les artifices
de votre diplomatie ne peuvent plus nous le déguiser;
vous armez pour soutenir l'indépendance de l'Amérique
et les maximes du Congrès. Il est une puissance qui s'é-
lève aujourd'hui au-dessus des lois : c'est celle des rai-
sonnements ambitieux; elle conduit une révolution en
Amérique : peut-être elle en prépare une en France.
Les législateurs de l'Amérique s'annoncent en disciples
des philosophes français; ils exécutent ce que ceux-ci
ont rêvé. Les philosophes français n'aspirent-ils point à
être législateurs dans leur propre pays? Des principes qui
ne peuvent se plier aux lois anglaises, s'accorderont-ils
mieux avec les bases de votre monarchie? Quel danger
n'y a-t-il point à mettre l'élite de vos officiers en communication avec des hommes enthousiastes de liberté? Vous
vous inquiéterez, mais trop tard, quand vous entendrez
répéter dans votre cour des axiomes vagues et spécieux
qu'ils auront médités dans les forêts d'Amérique. Comment après avoir versé leur sang pour une cause qu'on
nomme celle de la liberté, _ront-ils respecter *vos ordres
absolus?* D'où vous vient cette sécurité, quand on brise,
en Amérique, la statue du roi de la Grande-Bretagne,
quand on dévoue son nom à l'outrage? L'Angleterre ne
sera que trop vengée de vos desseins hostiles, quand votre gouvernement sera examiné, jugé, condamné d'après
les principes qu'on professe à Philadelphie, et qu'on ap-
plaudit dans votre capitale. »

A coup sûr, des conseils adressés sur ce ton à Louis XVI
étaient, dans l'état de l'esprit public en France, bien mal
imaginés; parler au monarque de la nécessité pour lui de
maintenir le système *des ordres absolus*, c'était appeler
l'intérêt des quatre-vingt-dix-neuf centièmes de la nation

sur l'insurrection américaine dont le but unique et avoué
était de secouer le joug de fer des mêmes principes; c'é-
tait provoquer en faveur des Américains une manifesta-
tion à laquelle le faible Louis XVI et son entourage débile
et corrompu, n'auraient eu aucun moyen de résister si le
monarque n'avait pas pris le sage parti de céder au torrent de l'opinion publique.

On conçoit bien que Louis ne céda qu'à contre-cœur. On
conçoit encore m??? ??o l'orgueil autrichien de la reine,
lui fit dévorer avec la rage dans le cœur, les soucis qui,
dit-on, flétrirent presque subitement les charmes de sa
personne, et la firent tout à coup passer de l'amour immodéré des plaisirs, des folles et ruineuses dissipations de
sa cour, à des pensées haineuses contre le peuple sur lequel elle avait été appelée à régner dans toute l'étendue
d'un pouvoir sans limites et sans contrôle. C'est alors, dit-
on, que Marie-Antoinette voua dans son cœur à La
Fayette, le promoteur de la liberté américaine, cette haine
implacable et persévérante qui, plus tard, ne sut pas flé-
chir un seul instant, même pour le salut du roi, de ses
enfants et pour le sien propre, lorsque le général, encore
plus dévoué à Louis XVI qu'à la liberté, voulut lui offrir
l'appui de son influence.

La Fayette s'embarqua pour l'Amérique, il avait vingt-
deux ans; il quittait une jeune épouse et ses deux enfants.
Entré dans les rangs des insurgés, il fut blessé à Brandy-
Wine dans l'affaire du 11 septembre 1777, où d'autres volontaires français et polonais se distinguèrent.

Louis XVI hésitait encore. Dans sa politique faible et
temporisatrice, il cherchait en quelque sorte quelqu'un
auquel il pût abandonner la responsabilité d'une décision
aussi importante, et d'avance il tenait beaucoup à ce que

l'opinion publique, en France, et encore plus celle des
cabinets de l'Europe ne pût la lui attribuer absolument.
Il trouva son éditeur responsable dans M. de Vergennes,
secondé par le vieux Maurepas. Ils mirent tout en œuvre
pour calmer les scrupules du monarque. Ils remontrèrent
qu'il ne s'agissait que de signer un traité de commerce avec
les colonistes américains : ce traité, avantageux aux deux
états, devait laisser subsister la neutralité de la France.
L'Angleterre ne pouvait avoir la présomption de priver la
France du droit de signer un traité de commerce; si cependant elle osait le méconnaître, et en venait à une rupture, ce serait le cabinet de Saint-James et non celui de
Versailles qui serait responsable des conséquences; mais
la prudence commandant de prévoir une irritation aussi
déraisonnable de la part de l'Angleterre, en même temps
que le traité de commerce, le ministère français signerait
avec les envoyés des colonistes Francklin, Arthur Lee et
Silas Deane, un traité éventuel d'alliance défensive, par
lequel les contractants des deux parts, s'engageraient
dans le cas d'une guerre entre la France et l'Angleterre, à
se porter mutuellement secours, à ne point accepter de
paix séparée, et à ne poser les armes qu'après que l'indépendance des États-Unis aurait été formellement ou taci-
tement reconnue et assurée. Louis XVI, toujours disposé
à se faire illusion, comme il s'est montré plus tard; toujours content, pourvu qu'un résultat quelconque ne se pré-
sentât que dans l'éloignement, crut désormais sa responsabilité morale à couvert, se tint pour satisfait du biais
adopté par ses ministres pour vaincre ses répugnances,
et le 6 février 1778 il signa un traité, qui, en réalité, dans
l'état actuel des choses, pouvait être considéré comme une
déclaration de guerre à l'Angleterre. Les envoyés des co-

lonistes l'envisagèrent sous ce point de vue, et ils ne se trompaient pas. Aussitôt que le cabinet de Saint-James eut connaissance du traité, il s'empressa de rappeler son ambassadeur à Paris.

Cependant on ne donnait pas d'ordre en France pour aucun armement; les secours qui partaient de nos ports pour l'Amérique, quoique favorisés par M. de Vergennes, ne consistaient encore qu'en expéditions de commerce, en munitions et en volontaires qui allaient servir la cause de la liberté américaine.

Mais les événements se pressaient, et le peuple tout entier en France demandait à grands cris des mesures efficaces; les envoyés colonistes, de leur côté, s'appuyant sur le traité du 6 février, pressaient le cabinet de sortir de l'inaction.

Enfin, une flotte forte de douze vaisseaux et de quatre frégates, partit de Toulon pour l'Amérique, le 13 avril 1778, sous la conduite du comte d'Estaing; une autre flotte se forma dans le port de Brest pour combattre sur la mer des Antilles. En même temps, sur les côtes de France, le ministère ordonnait la réunion d'une armée avec l'intention avouée de tenter une invasion en Angleterre.

L'amiral anglais Keppel, chargé de surveiller les mouvements du port de Brest, appareilla de Plymouth avec une escadre, et somma des frégates françaises qu'il rencontra dans ces parages, de se ranger en poupe du vaisseau amiral pour être arraisonnées. C'était le 17 juin. Le commandant de la frégate française la *Belle - Poule*, Chaudeau de la Clocheterie, refusa d'obéir à cette insolente injonction, et riposta à un coup de canon tiré du vaisseau anglais, par une bordée pleine de tous ses canons.

La *Belle-Poule* engagea immédiatement la frégate anglaise l'*Aréthuse* qu'elle força de s'éloigner à moitié démâtée. Cette action eut lieu en présence de deux vaisseaux anglais contrariés par le vent, et qui ne purent soutenir l'*Aréthuse*.

Le 8 juillet suivant, le comte d'Orvilliers sortit de Brest avec trente-deux vaisseaux; le combat s'engagea entre la flotte de d'Orvilliers et celle de Keppel, le 27 juillet, à la vue de l'île d'Ouessant. Cet engagement, quoique très-vif, n'eut cependant pas de résultat décisif. L'amiral Keppel fut généralement censuré en Angleterre et traduit devant une cour martiale.

Cependant l'escadre du comte d'Estaing, sortie de Toulon le 18 avril précédent, parut sur les côtes d'Amérique. On convint de tenter une descente dans la province de Rhode-Island, et cette tentative n'eut pas de succès. Une violente tempête dispersa la flotte française qui allait livrer combat à l'escadre aux ordres de lord Howe. Elle parvint cependant à se rallier, et le débarquement sur la côte de Rhode-Island aurait pu s'effectuer; mais le comte d'Estaing, résistant à toutes les sollicitations de M. de La Fayette, s'y refusa absolument. Il se dirigea sur l'île de Sainte-Lucie, dont les Anglais venaient de s'emparer, au grand détriment de notre commerce. M. d'Estaing mettait le plus grand prix à ravir à l'ennemi cette clef des Antilles. Arrivé sous le feu des batteries anglaises, il fut impossible de les démonter, et après avoir tenté trois assauts successifs et très-meurtriers, l'amiral français, qui perdit beaucoup de monde dans cette expédition, se vit contraint d'y renoncer et rentra à la Martinique.

L'année suivante (1779), le cabinet britannique ayant refusé l'offre de médiation de la cour d'Espagne, qui proposait une trève entre les parties belligérentes, et le comte de Vergennes usant de toute son influence sur le cabinet de Madrid, auquel il représenta que le moment était favorable pour recouvrer Gibraltar, Minorque, et pour reconquérir les Florides, le roi d'Espagne déclara la guerre à l'Angleterre. Les deux marines française et espagnole se réunirent pour former une masse de soixante-six vaisseaux de ligne avec une multitude de frégates et de bâtiments de moindre force. La jonction se fit le 25 juin. Cette formidable escadre fut mise aux ordres du comte d'Orvilliers, et destinée à une descente en Angleterre.

Le 15 août, les flottes combinées de France et d'Espagne se présentèrent devant Plymouth. L'amiral anglais, vu l'infériorité de ses forces, n'osait pas venir défendre ce point important. Les opérations étaient prètes à commencer. Déjà les alliés s'étaient emparés, à la vue de Plymouth, d'un vaisseau de 64 canons sorti de Portsmouth pour rallier l'escadre anglaise. Mais cette fois encore les éléments conspirèrent en faveur de l'Angleterre; il s'élève une tempête qui disperse les vaisseaux de ses ennemis. Leur amiral, Charles Hardy, profite de cette espèce d'ouragan pour pénétrer dans la rade de Plymouth, où sa flotte désormais en sûreté, défie toute tentative de débarquement.

Le comte d'Orvilliers rentra à Brest, et les galions espagnols, en arrivant en Europe, devinrent pour les Anglais une proie riche autant que facile.

Dans les mers des Antilles, la France obtint quelques succès, bientôt suivis de revers. Le comte d'Estaing avait reçu des renforts qui élevaient la flotte sous ses ordres à vingt-cinq vaisseaux de haut-bord, et son antagoniste, l'amiral anglais Byron, n'avait à lui opposer que vingt-un

vaisseaux à peu près d'égale force. Aidé des Caraïbes de
l'île Saint-Vincent, soulevés contre les Anglais, d'Estaing
s'empara facilement de cette île et se porta sur la Grenade.
Le 2 juillet, il y opéra un débarquement de deux mille
trois cents hommes, et ordonna l'assaut du fort principal,
défendu par le général Macartney. D'Estaing fut un des
premiers qui s'élancèrent dans les retranchements ennemis; ses grenadiers le suivirent avec enthousiasme, et
les Anglais se rendirent à discrétion. Ce beau fait
d'armes excita en France autant d'admiration que de
joie.

Cependant d'Estaing, pressé par les sollicitations de
Washington, fit voile pour le continent; il arriva devant
Savanha en Géorgie. Les colonistes attendaient de cette
expédition un résultat décisif pour la cause de l'insurrection : si l'on réussissait à s'emparer de Savanha, principale
place-forte et dépôt général des armes et des munitions
de l'armée anglaise, c'était pour celle-ci un échec d'une
immense portée, et les insurgents devaient y attacher un
grand prix, car dans cette partie du théâtre de la guerre
ils avaient à lutter contre de nombreuses troupes de royalistes, et sous l'empire de circonstances très-critiques;
puisque Washington était alors fort occupé, sur un point
éloigné, à étouffer des semences de divisions intestines, en
même temps qu'il lui fallait faire tête aux troupes anglaises très-nombreuses dans les provinces de New-York
et de Rhode-Island.

Le général américain Lincoln, qui avait reçu avis de la
prochaine apparition de l'escadre française devant Savanha, se présenta avec un corps peu nombreux pour
protéger le débarquement, qui eut lieu sans obstacle, à
une lieue de la ville, le 15 septembre. Cinq mille hommes

de troupes françaises se réunirent à trois mille insurgents.
Dans les rangs de ces derniers on voyait le brave polonais
Pulawski et nombre de ses compatriotes. Le général anglais Prévost, commandant de Savanha, ne répondit à la
première sommation des assiégeants qu'avec une appa-
rence de timidité et d'hésitation, en termes vagues qui
semblaient annoncer une disposition à capituler aussitôt
qu'il pourrait le faire sans déshonneur. Ce n'était qu'un
piége, duquel l'humanité et la loyauté de d'Estaing ne lui
permirent pas de se défendre, et qui firent obtenir à Prévost
une trêve, qu'il eut même l'art de prolonger en attendant
un renfort considérable qui lui avait été annoncé. A l'aide
de ce renfort et de l'armement d'un corps de nègres, il
pût compléter les ouvrages de défense de la place, dont
l'investissement si funestement différé, offrait désormais
beaucoup de difficultés. Ce manque de foi envers un loyal
et généreux ennemi, exaspéra d'Estaing au plus haut degré et lui suggéra des mesures violentes et peu compa-
tibles avec son humanité accoutumée : il fit pleuvoir des
bombes sur Savanha, et les Anglais, impassibles, assis-
taient sans regrets à la destruction d'une ville américaine.
Leurs ouvrages avancés n'avaient encore que peu souffert, et l'ancrage de la flotte française n'était rien moins
que sûr. On touchait à une saison où il allait devenir encore plus dangereux. Les inquiétudes de d'Estaing, comme
marin, le firent retomber dans une faute dont le souvenir de son désastre à Sainte-Lucie aurait dû le garantir :
il se hâta trop d'attaquer, et avant qu'il y eût brèche suffisante faite aux murs de la place, il voulut tenter intem-
pestivément l'assaut, le 9 octobre, sous le feu de l'artillerie anglaise dirigée avec la plus grande précision et une

remarquable habileté. Nous passons sur les affligeants détails de ce conflit sanglant. D'Estaing y reçut une blessure, ainsi que les vicomtes de Fontange et de Béthisy, et le baron de Stéding. Mais ce qui excita principalement la douleur sympathique des assiégeants, ce fut la mort du brave Pulawski, frappé mortellement d'une balle, au pied de la muraille où il s'était précipité à la tête de deux cents cavaliers pour dégager quelques grenadiers français qui s'étaient élancés dans la place.

L'amiral français dût se rembarquer. Le triste résultat de l'affaire de Savanha mit les insurgents à deux doigts de leur perte. Leur armée se débanda par défaut de solde, et Washington déclara que la cause de la liberté était irrévocablement perdue, si la France ne lui accordait pas des subsides et une nouvelle expédition. Le cabinet de Versailles donna dix millions, sept vaisseaux et six mille hommes de troupe d'élite aux ordres du général Rochambeau.

Dans l'année 1781, le comte de Grasse, après s'être emparé de Tabago, cingla avec la flotte à ses ordres vers la baie de Chesapeake, afin de seconder les opérations de Washington et de Rochambeau, qui cernaient l'armée anglaise dans York-Town. De Grasse força la flotte anglaise à sortir de la baie, et transporta à York-Town l'armée de Washington. Cornwallis, attaqué de tous côtés par Rochambeau, Washington et La Fayette, capitula le 11 octobre 1781, avec sept mille hommes, six vaisseaux de guerre et cinquante bâtiments marchands. C'était une victoire absolument décisive. De ce moment, les Anglais cessèrent toute tentative pour se remettre en possession d'aucun des lieux dont ils avaient été expulsés. Renfermés dans les villes de New-York, Charlestown, et Savanha, ils y restèrent inactifs jusqu'au moment de la signature des préliminaires de paix.

Dans l'année précédente (1780), les Anglais, en apprenant que la Hollande était sur le point d'accéder à la coalition des puissances européennes sous le nom de *neutralité armée* (dont il n'entre pas dans notre plan d'expliquer l'origine et les conséquences), se jetèrent sans déclaration préalable sur les possessions hollandaises. Dans les mers des Antilles, l'amiral Rodney s'empara sans coup férir de la petite île hollandaise de Saint-Eustache, et enleva soixante-quinze millions de marchandises en entrepôt dans cette île.

Mais le 26 novembre 1781, le marquis de Bouillé, gouverneur de la Martinique, reprit aux Anglais l'île de Saint-Eustache.

En 1782 (le 12 avril), entre la Guadeloupe et la petite île des Saintes, les escadres de l'amiral anglais Rodney et du comte de Grasse, se livrèrent bataille. Cette affaire fut une des plus funestes de toute la guerre à la marine française. Le comte de Grasse y perdit presque totalement la flotte avec l'honneur du pavillon, et se rendit prisonnier aux Anglais.

En 1783, signature des préliminaires de paix. Reconnaissance par l'Angleterre des treize États-Unis de l'Amérique ; délimitation des frontières, qui laisse aux Américains le vaste pays connu sous le nom de Western-Territory. Déclaration de la jouissance commune des pêcheries de Terre-Neuve et de la navigation du Mississipi.

Le cabinet de Versailles conçut d'abord quelque inquiétude de la soudaineté de ces préliminaires de paix entre

les colonies insurgées et la mère-patrie, et cette inquiétude trouvait un motif dans le projet bien connu du parti
influent à la tête duquel était en Angleterre le duc de
Richemond, qui nourrissait l'espoir de détacher les États-
Unis de l'alliance française et de les jeter dans les bras de
l'Angleterre. Mais la loyauté de Francklin et l'habileté du
comte de Vergennes n'eurent pas de peine à déjouer un
aussi odieux complot. Les envoyés américains, lors du
traité du 6 février, avaient stipulé qu'aucun traité avec
l'Angleterre ne serait définitivement signé par les États-
Unis qu'après la conclusion de la paix entre la Grande-
Bretagne et la France.

Enfin, le 20 janvier 1783, l'Angleterre signa les préliminaires de paix avec la France, l'Espagne et la Hollande.

Voici les principales stipulations : « Suppression de l'ar-
» ticle du traité d'Utrecht relatif à Dunkerque.

» En Amérique, restitution de toutes les prises : Sainte-
» Lucie à la France ; la Grenade, Saint-Vincent, la Domi-
» nique, Montserrat et Névis à l'Angleterre. Cession de
» l'île de Tabago à la France.

» En Afrique, restitution à la France de Gorée ; acqui-
» sition du Sénégal ; garantie du fort Saint-James et de
» Gambie à l'Angleterre.

» Aux Indes-Orientales, restitution de toutes les prises :
» à la France, de Chandernagor, Pondichéri, Karical,
» Mahé, Surate ; agrandissement du territoire de Pondi-
» chéri et de Karical ; invitation aux alliés de la France,
» et notamment à Hyder-Ali, d'accéder au traité.

» A Terre-Neuve, admission des Français aux pêche-
» ries, et acquisition pour eux des deux petites îles de
» Saint-Pierre et Miquelon.

» Promesse réciproque de conclure dans deux ans un
» traité de commerce.

Traité entre l'Angleterre et l'Espagne :

» Conservation de Gibraltar par l'Angleterre; restitu-
» tion de Minorque à l'Espagne; acquisition par elle des
» deux Florides; restitution réciproque des autres prises;
» les îles Bahama rendues à l'Angleterre, et acquisition
» par elle d'un territoire dans la baie de Honduras pour
» l'exploitation du bois de Campêche.

Traité entre l'Angleterre et la Hollande :

» Cession de Negapatnam aux Anglais, avec faculté
» pour les Hollandais de le reprendre contre un équiva-
» lent; restitution réciproque des autres prises; liberté
» de navigation pour les Anglais sur toutes les mers
» des Indes. »

Le traité définitif avec la France ne fut signé que le 3
septembre 1783; celui avec la Hollande ne le fut que le
20 mai 1784.

Par suite de négociations entre la France et la Suède,
à laquelle il était dû un arriéré de subsides, la petite île
française de Saint-Barthélemy, située dans le voisinage
de la Guadeloupe, fut cédée à la Suède.

Il est facile d'apercevoir, à la manière cursive et som-
maire dont nous venons de rendre compte des événements de la guerre, terminée en 1783, que nous n'avons
nullement eu la prétention de nous en faire l'historien. Les quelques lignes que nous avons consacrées au
récit des faits ne se rattachent plus ou moins directement qu'aux colonies. C'était une préface obligée et un
point de départ pour la notice qui va suivre des événements qui les concernent.

Nous avons une triste page à dérouler, page arrosée de sang, inondée de larmes, et qui aurait pu être écrite à la lueur des torches de l'incendie, avec des monceaux de cadavres humains pour pupitre.

Commençons par la colonie jadis la plus importante entre toutes celles de toutes les nations modernes. Saint-Domingue, la reine des Antilles, le trésor du commerce français, le trône de la richesse, et du luxe, mais hélas! aussi le siége de l'injustice et de la cruauté; la sentine des vices et de la dégradation humaine, compagnes inséparables de l'esclavage, de la domination de l'homme sur l'homme.

Il est presque superflu de rappeler ce qui est généralement connu, c'est qu'aux Antilles tous les individus se rangeaient sous trois grandes classes : 1° Les blancs; 2° Les mulâtres, métis et nègres esclaves; 3° Les mulâtres, métis et nègres libres, dits gens *de couleur* ou *sang mêlé.*

Dans la première de ces trois classes (celle des blancs en général) il importe de distinguer. Les uns, et ce n'était pas à beaucoup près le plus grand nombre, étaient les propriétaires de terres et d'esclaves, ou d'usines et de maisons; les négociants et armateurs de vaisseaux, les gérants du commerce; enfin les gérants des plantations et fondés de pouvoirs des riches propriétaires absents. A Saint-Domingue en particulier, la catégorie des gérants était nombreuse, car la majeure partie des plus riches colons habitaient Paris : tel grand propriétaire à Saint-Domingue n'y était jamais allé et ne connaissait que bien imparfaitement la situation coloniale. Ces gérants, affranchis de toute surveillance de leurs maîtres, nageant dans l'opulence, jouissant d'émoluments qui paraîtraient fabuleux si l'on en racontait le chiffre, étaient puissants par

leur richesse, et c'était dans leurs palais que se déployait
le luxe dans tout son faste colonial et de mauvais goût :
il s'en fallait bien en général que l'esprit, l'éducation et
la raison de ces visirs fussent de niveau avec leur opulence. Aussi les plus entêtés, les plus déraisonnables ,
les moins conciliateurs, les plus opposés aux progrès de
la liberté ; les plus rebelles aux leçons de la philosophie
et de l'humanité, entre tous les colons, faisaient partie de
MM. les gérants.

Quoi qu'il en fût de ce mélange confus et hétérogène
d'hommes à peau blanche, il n'a jamais cessé de régner
parmi eux le plus parfait accord sur le point qu'ils considéraient comme essentiel à leur prospérité : le maintien de l'esclavage dans toute son étendue, dans toutes
ses rigueurs : c'était pour eux le nœud vital ; ils n'avaient
plus qu'une âme, qu'un cœur, quand la question de l'é-
mancipation se présentait à leur imagination effrayée.

Une conséquence naturelle de cette émancipophobie,
s'appuyait d'ailleurs sur un raisonnement erroné et qui
faisait chercher aux colons blancs leurs moyens de salut
hors de la seule voie qui pouvait les conduire à l'accomplissement de leur vœu d'esclavage des nègres ; c'était
leur infatuation de cette idée, qu'il fallait tenir dans un
état d'abaissement continuel les gens de couleur libres,
dans les veines desquels ils voyaient avec effroi couler du
sang africain ; et loin de considérer avec raison que cette
classe intermédiaire qui comptait de nombreux propriétaires d'esclaves, et qui était d'ailleurs fort disposée par
orgueil autant que par intérêt à faire cause commune
avec les blancs pour opprimer les noirs esclaves, devait
être ménagée , les colons privilégiés regardaient fatale-
ment tous les sang-mêlés comme leurs ennemis naturels.

Nous n'avons rien à remarquer dans ce moment sur la classe des esclaves. Ce seul mot d'esclave dit tout. Aux yeux des colons et dans l'organisation sociale de la colonie, ils étaient comme s'ils n'avaient pas existé; ce n'étaient pas des hommes; à l'instar des mulets et des bœufs d'attelage pour les cabrouets sur les plantations, ce n'était qu'un instrument de travail, une machine palpitante.

Quant aux *sang-mêlés* ou gens de couleur libres, en parlant de la classe blanche nous venons d'en dire assez pour faire connaître quel était leur sort.

Mais il nous reste, en revenant encore à la classe des blancs, à caractériser cette seconde catégorie, dite *des petits blancs*, ou blancs non propriétaires; à nous occuper pour un moment de cet éternel fléau des colonies, de cet opprobre de l'humanité, de ces tigres à figure humaine. C'est principalement aux Îles du Vent ou Petites Antilles que leur affreuse présence s'est fait sentir de la manière la plus désastreuse : nous n'aurons donc que trop d'occasions d'en esquisser l'odieux portrait dans le récit des événements qui appartiennent à la notice sur la Martinique, la Guadeloupe et Sainte-Lucie. Dans ce moment nous n'avons qu'à dire ce que c'étaient que ces petits blancs : un ramas confus d'hommes de toutes les nations, Français, Génois, Maltais, Vénitiens, Flamands, Portugais, Espagnols, Canadiens, tombés comme des nues dans nos colonies, sans aveu, sans patronage aucun, étrangers à tout sentiment de nationalité comme d'hommes; les uns pour y vivre dans la paresse favorisée par un climat sans hiver et sans frimats, où les premiers besoins de la vie étaient satisfaits presque sans frais; les autres pour y cacher leur existence à la justice : tous vivant dans la crapule, la débauche et l'ivrognerie; acteurs et soutiens des plus vils tripots; exerçant tout au plus et passagèrement, comme industrie et le plus souvent comme prétexte, le colportage dans les campagnes ou de bourg en bourg; dévorés d'envie à la vue des riches propriétés; portant dans le cœur une haine frénétique contre la classe des hommes de couleur laborieux et propriétaires; appelant de tous leurs vœux les bouleversements, les conflagrations, pour obtenir du pillage et de la dévastation l'argent qu'ils ne savaient gagner par aucun moyen honnête. Et qui pourrait l'imaginer! voilà les hommes que les colons blancs, dans leur fantastique système de compression de la race noire, plaçaient fort au-dessus des hommes de couleur! Aveugles colons qui s'imaginaient qu'en cas de soulèvement des mulâtres ou des noirs, les bandits à peau blanche resteraient fidèles à la même nuance et seraient pour elle de sûrs auxiliaires! L'événement a prouvé dans toutes les colonies ce que valait un tel appui.

Le système de gouvernement de la mère-patrie et de l'exercice de l'autorité civile et militaire dans les colonies françaises était aussi cruel et aussi absurde que l'imagination puisse le concevoir. C'était un système monstrueux, contre nature, s'appuyant sur la base exécrable de l'esclavage; l'oppression en était le fruit; aucun ordre de la société ne pouvait se dire véritablement libre : l'unique privilège des uns, était d'insulter et de vexer leurs inférieurs. Les nègres, soumis à la volonté arbitraire, au moindre caprice de leurs maîtres, n'étaient guère plus à plaindre que les gens de couleur affranchis. Ces infortunés mulâtres, quoiqu'ils ne fussent, dans un sens absolu, la propriété de personne, avaient bien souvent sujet d'envier le sort de ceux qui avaient un maître. Non-seulement ils étaient pour l'éternité des générations, privés de l'ombre même de la liberté politique, et toute profession libérale leur était interdite, mais ils étaient considérés comme appartenant à une espèce inférieure, peu au-dessus de la brute, ils étaient soumis aux vexations, aux corvées les plus intolérables. Les lois de la colonie autorisaient les insultes qui incessamment leur étaient offertes : un blanc pouvait les battre avec une sorte d'impunité ; ils n'avaient pas même, comme les nègres esclaves, la ressource d'être protégés par un maître personnellement intéressé à leur conservation : ils étaient donc sans cesse opprimés par tout le monde.

Le nègre, abruti et privé naturellement d'intelligence, ne ressentait guère l'injure que par la douleur physique causée par les coups de fouet dont son corps était déchiré, tandis que l'homme de couleur, le mulâtre, le métis, plus éclairé en général, d'un esprit plus développé, recevait des injures une atteinte bien plus profonde.

Les blancs eux-mêmes n'avaient guère à se vanter de leur liberté et de leur indépendance. Ils gémissaient sous les coups du despotisme gouvernemental de la métropole. L'autorité la plus absolue reposait entre les mains d'un gouverneur-général et d'un intendant nommés par le roi de France, et dont les pouvoirs étaient sans aucun contrôle dans les colonies de leur résidence. Ils décrétaient les lois et les faisaient exécuter; ils levaient des taxes à volonté et avaient le commandement militaire. Les arrêts de toutes les cours de justice de la colonie restaient soumis à l'appel devant eux, et ils n'ont été que trop souvent accusés et quelquefois convaincus d'être accessibles à la corruption vénale. La victoire du prosécuteur en justice, tout comme celle du défendeur, dépendait beaucoup plus du poids de la bourse que de la justice de la cause. Il n'existait donc en réalité aucune propriété inviolable, que dis-je? aucune existence qui pût se croire à l'abri de la rapacité ou du caprice de l'autorité supérieure. On a eu de trop fréquents exemples de cet arbitraire. Les sources mêmes de la justice étaient empoisonnées, et il ne pouvait s'en écouler que des eaux corrompues et pestilentielles.

Sous un système aussi déraisonnable et aussi oppressif, les colonies étaient cependant restées dans le calme léthargique, jusqu'à l'année 1789. Mais il est difficile de croire que ce calme fût celui du contentement; que dans bien des cœurs il ne couvât pas un levain, qu'il n'y eût pas de secrets murmures contre le despotisme, des soupirs exhalés pour un autre ordre de choses. Cette feinte acquiescence à un système d'oppression, n'empêchait pas qu'on ne pût prévoir qu'il ne serait pas renversé sans une effroyable convulsion; toute autorité usurpée ne saurait être que temporaire, et la confusion qui accompagne les révolutions est toujours proportionnée aux déviations du principe de justice et de liberté. Cet échafaudage politique si monstrueux qui a pesé sur le sol colonial jusqu'en 1789, a dû être nécessairement miné depuis de longues années : maintenant il tremblait jusque dans ses fondements, et sa chute était imminente. Les souffrances de toutes les classes de la société avaient semé le mécontentement partout, et partout on était impatient de réforme.

Les nègres, sans instruction et abrutis, continuaient leurs accablants travaux sans penser beaucoup à ce qu'il y avait d'injustice à les leur imposer sans rémunération; mais même parmi eux il commençait à se manifester un esprit d'insubordination. Des livres composés pour leurs faibles capacités et bien propres à enflammer leur imagination contre leurs maîtres, à les exciter à la révolte, avaient été adroitement répandus parmi eux. Des médailles furent frappées pour suppléer à l'ignorance des moins intelligents ; ces médailles parlaient à leurs yeux, et leur représentaient leur avilissement, leurs chaînes et leur misère. On les initiait ainsi à leurs droits si long-temps méconnus, à ceux de l'humanité si cruellement outragée.

Les gens de couleur, parmi lesquels il y avait des hommes riches et bien élevés, n'étaient plus étrangers aux matières politiques. Déjà ils s'étaient trouvés malheureux ; maintenant ils apprenaient que ce malheur était injuste. Ils apprécièrent enfin l'étendue de leurs griefs, et jusqu'au dernier d'entre eux l'indignation fit de rapides progrès : ils ne respirèrent plus que vengeance contre leurs oppresseurs. Les écrits des philosophes s'étaient fait jour dans les colonies ; naturellement ils durent y produire l'effet qu'on en pouvait attendre.

De leur côté, les blancs avançaient dans leurs idées de liberté et d'indépendance, autant qu'on le faisait en Europe : ils apprenaient à détester le pouvoir arbitraire. Ils étaient indignés et humiliés de ce que jusqu'alors ils avaient souffert sans se plaindre. Ils se considéraient comme faisant partie intégrante de l'empire français, et ne se croyaient plus tenus d'obéir qu'aux lois à la formation desquelles ils auraient concouru.

C'est ainsi qu'une révolution prompte était dans les désirs de tous ; tous la considéraient comme l'aurore d'une félicité si longtemps attendue. Mais malheureusement il existait dans les colonies deux causes permanentes qui ne pouvaient manquer de tourner en fléau le bienfait de la liberté, Chacune des classes de la société ne voyait qu'elle-même, qu'elle seule. Les nègres attendaient leur émancipation complète, sans conditions et sans délai. Les mulâtres ne rabattaient pas un *iota* de l'égalité absolue avec la classe des blancs; et ceux-ci, dans leurs visions insensées, n'apercevaient de révolution possible qu'en leur faveur et au bénéfice de leurs préjugés les plus enracinés. Étrange aveuglement! Qu'est-ce qui pouvait faire espérer que quand tous les liens de la subordination se trouveraient rompus, le plus grand nombre laisserait manger l'huître au petit nombre, et se contenterait de l'écaille?

Un esprit d'égoïsme étroit présidait à toutes les demandes; nulle philanthropie, nulle bienveillance pour autrui, nulle sympathie pour les souffrances du prochain. Les blancs appelaient à grands cris la liberté pour eux, et dans ce festin splendide, ils ne voulaient pas laisser tomber une miette aux mulâtres. Le malheureux nègre, de son côté, continuait à gémir sous le fouet et du blanc et du mulâtre, et ce dernier ne mettait aucune borne à ses prétentions.

Cette tempête, renfermée dans un nuage qui était resté suspendu sur la tête des colons, allait enfin éclater: quand la nuée se déchira, l'orgueil du pouvoir d'un côté, le sentiment de l'injustice de l'autre, grossirent un torrent dévastateur qui entraîna tout avec lui. Plus d'humanité, pas de pitié, tout disparut, richesses, travail, industrie et commerce; il ne resta plus que misère, champs dévastés, habitations brûlées.

Malheureusement l'esprit qui animait à cette époque la mère-patrie, et les événements dont elle était elle-même le théâtre, ne lui permettaient guère aucune mesure efficace pour rétablir le calme et chasser la discorde dans ses colonies. Le sort de la population blanche de ces possessions lointaines était loin d'ailleurs d'inspirer beaucoup d'intérêt en France. Relativement aux colonies une seule idée semblait dominer généralement dans la métropole, c'était l'abolition immédiate de l'esclavage et l'établissement d'un ordre de choses qui placerait absolument toutes les populations sur le pied de la plus parfaite égalité. Dans le but d'amener ce résultat, il s'était formé à Paris une société qui prit le titre d'*amis des noirs*. Elle fut infatigable et persévérante dans ses efforts, et elle trouva de nombreux échos dans toute l'Europe, principalement en Angleterre parmi les personnages les plus honorables et les plus puissants. Les membres les plus influents de la société n'épargnèrent ni les discours, ni les pamphlets pour instiller dans les esprits la nécessité de l'émancipation des noirs.

Les premiers symptômes révolutionnaires se manifestèrent à Saint-Domingue dès l'année 1789, peu de temps après que le roi de France eut pris la mémorable résolution de convoquer les États-Généraux du royaume. A la première nouvelle de cet événement, les habitants blancs, malgré l'injonction contraire et formelle du gouverneur général, se réunirent dans toutes les paroisses de l'île en assemblées délibérantes; ils prirent des résolutions, proclamèrent leurs droits, et le résultat ultime de ces assemblées fut l'élection de dix-huit députés de la colonie tout entière, qui furent dépêchés vers la France pour représenter Saint-Domingue dans le grand congrès national.

Néanmoins, après le départ des députés, les choses demeurèrent pendant quelque temps assez calmes. Mais chaque jour les planteurs s'affligeaient de plus en plus et

s'alarmaient des dispositions qu'on témoignait en France
à leur égard, où il était pour eux bien évident que la
cause des mulâtres inspirait généralement beaucoup plus
d'intérêt que celle des blancs.

L'état trompeur de tranquillité dans la colonie ne tarda
pas à être troublé par l'avis qu'on y reçut de la célèbre
déclaration des droits de l'homme, votée par l'assemblée
nationale Constituante le 20 août. Les principes et la doc-
trine impliqués dans cette déclaration semblèrent aux
colons blancs tout à fait incompatibles avec les conditions de la société telle qu'elle était constituée dans les
colonies. Et en effet, on trouve dans cette fameuse déclaration des droits, parmi d'autres axiomes de la même
nature, que « tous les hommes naissent et vivent libres et
égaux en droits ». Il fallait conclure de cette reconnaissance, suivant les planteurs, que les nègres aussi avaient
droit à la liberté (ce qui était vrai), mais encore qu'ils
étaient appelés au partage des biens de leurs ci-devant
maîtres (ce qui était une conclusion évidemment forcée
et exagérée).

Ce ne fut pas exclusivement à Saint-Domingue que
la déclaration des droits fit naître la plus vive émotion;
la fermentation fut générale dans toutes les colonies françaises. On y voyait déjà la guerre civile allumée.

Quant aux mulâtres, la déclaration les plongeait dans
l'enthousiasme, et excitait au plus haut degré leur joie
et leur ivresse. Ils avaient en perspective et dans un
avenir très-prochain la réalisation de leur plus chère
espérance : leur rêve de complète égalité leur semblait
désormais un fait accompli ; ils crurent que cette longue
nuit si triste et si profonde se dissipait enfin aux premiers
rayons d'un soleil radieux, brillant et pur ; que le voile

opaque des préjugés allait se déchirer et laisser exposée à leurs yeux enchantés la statue de la Liberté; que dorénavant un homme ne serait plus traité qu'en homme.

Mais du côté des blancs, le ressentiment, la consternation, les cris d'indignation, les trépignements de la fureur étaient véritablement effrayants. A Saint-Domingue les planteurs proclamèrent hautement que cette déclaration des droits ne pouvait avoir été dictée que par le fanatisme politique ou par la scélératesse la plus consommée; qu'elle ne pouvait avoir d'autre résultat que de plonger les colonies dans l'anarchie et la confusion.

Les planteurs blancs se convoquèrent immédiatement en assemblées provinciales dans chacune des trois provinces de la colonie, afin de délibérer sur les moyens les plus propres à se garantir des empiètements des mulâtres: mais les opinions ni les actes de ces trois assemblées provinciales n'offrirent d'accord ni d'ensemble : il n'y eut d'unanimité que sur un seul point, l'expression passionnée et exagérée de leur mécontentement de ce que la France avait montré de la disposition à s'immiscer dans les affaires intérieures de la colonie. A ce sujet les colons assemblés prirent un ton impérieux et hautain; ils parlèrent de leur droit exclusif et incontestable en cette matière : il semblait qu'ils voulussent défier la puissance de la métropole.

Cependant les hommes de couleur libres, exaspérés enfin par tous ces actes, et de la conduite des blancs qui manifestaient hautement leur immuable résolution de ne jamais admettre la validité de leurs réclamations, devinrent turbulents et séditieux; et ils se préparèrent à soutenir leurs demandes par les armes : ils se réunirent en bandes nombreuses sur différents points et publièrent

des manifestes dans lesquels ils exposaient leurs prétentions, leurs vues et leurs déterminations. Mais privés
d'un chef assez habile pour les diriger, manquant surtout
de concert entre eux, et n'ayant pas de plan d'opération
arrêté, il ne fut pas difficile aux blancs de déjouer leurs
projets pour le moment.

A cette époque, la cause des mulâtres semblait désespérée. Comprimés dans la colonie, en France ils parais-
saient abandonnés par la législature. En apprenant les
dispositions des planteurs blancs envers la métropole, et
les sentiments de rage et d'indignation excités à Saint-Domingue et partagés par toutes les autres colonies, notamment par la Martinique, les villes de commerce et encore
plus les cités manufacturières en France, avaient pris
sérieusement l'alarme; elles crurent que les planteurs
voulaient renoncer à leur dépendance de la métropole et
peut-être se jeter dans les bras d'une puissance étrangère.
Ces villes, qui ne subsistaient que par le commerce des
colonies, voyaient déjà la source de leur prospérité tarir
ou coulant dans un autre canal. Elles poussèrent les hauts
cris, et l'assemblée nationale Constituante se vit contrainte d'avoir égard à leurs clameurs; elle délibéra sur
les moyens de calmer les esprits des colons. Après un
débat long et animé, l'assemblée rendit un décret portant
que la législature de France n'intervenait pas dans les
réglements intérieurs de commerce des colonies, et que
la constitution particulière de chacune d'elles pourrait
être telle que la colonie elle-même la désirerait, pourvu
que cette constitution n'eût rien d'incompatible avec la
subordination nécessaire et la dépendance envers la métropole.

Chez les mulâtres, à leur tour, rien ne peut rendre ce

que ce décret occasionna de clameurs; et en effet c'était
inévitablement une sanction donnée à leur assujettissement envers les blancs. Dans la société des *amis des noirs*,
le mécontentement se manifesta presque aussi énergique-
ment. Cette société improuva le décret de l'assemblée
nationale comme un fruit de la tyrannie, comme une
source d'oppression; c'était consacrer tous les abus existants dans les colonies, et ouvrir la porte inévitablement
à des abus plus grands encore. Ce fatal décret manqua
donc totalement le but de ceux qui l'avaient rendu comme
moyen d'assurer la tranquillité; s'il satisfaisait un parti,
il mécontentait l'autre et le rendait furieux.

Vers le commencement de 1790, il arriva à Saint-Domingue un ordre du roi pour la convocation d'une assemblée générale de la colonie. Mais déjà à cette époque l'autorité royale était tellement affaiblie en France et dans les
colonies, que cet ordre n'inspira aucun respect. Les membres de l'assemblée furent élus d'une manière toute diffé-
rente de celle prescrite par l'ordonnance royale. Le point
de réunion prescrit ne fut même pas observé, pas plus
que l'époque fixée pour la réunion.

Cette assemblée, sur laquelle devaient reposer les destinées de la colonie, se réunit enfin à Saint-Marc le 10
avril. D'abord elle montra un grand esprit de modération; ses délibérations furent calmes et conduites avec
prudence; ses actes furent empreints de la plus grande
sagesse. On entrevoyait la perspective de la paix et du
bonheur restitués à la colonie par des décrets justes et
équitables.

Dans l'administration de la justice, un grand nombre
d'abus furent réformés; son sanctuaire devait désormais s'ouvrir pour tous les hommes sans distinction

de couleur. Les mulâtres étaient affranchis de toutes pro-
hibitions, n'étaient plus assujettis aux exceptions injurieuses et vexatoires souslesquelles ils avaient jusqu'alors
gémi; et quoiqu'ils ne fussent cependant pas encore
placés avec les blancs sur le pied de l'égalité, cette amélioration dans leur sort leur était offerte comme un gage
de plus grandes faveurs pour l'avenir.

Ces mesures conciliatrices eurent tout l'effet désiré sur
les gens de couleur. Ils commencèrent dès lors à écarter
tous leurs projets de violence et de résistance : ils conçu-
rent qu'il fallait espérer de la loi le redressement des
torts.

Mais il existait malheureusement dans la colonie une
espèce d'hommes aux intérêts desquels ce bon accord
semblait devoir être préjudiciable : c'étaient les individus
qui avaient exercé des emplois sous l'ancien gouvernement, et aux désirs desquels rien ne pouvait être plus
contraire que les succès d'une assemblée qui rétablissait
le bon ordre dans la colonie sur la base permanente d'une
sage liberté. Ce succès était la perte de tous ces titulaires
d'offices, de tous ces collecteurs de taxes, de tous ces
commissaires, de tous ces juges qui jusque là avaient
vécu de violence et de corruption, et s'étaient engraissés
des dépouilles de l'innocence : ils voyaient leurs richesses
anéanties avec leur pouvoir, et pour toujours. A la tête de
cette foule de mécontents, se trouvait M. de Mauduyt, le
colonel du régiment du Port-au-Prince, homme de grands
talents et de manières très-insinuantes, dévoué à l'ancien
ordre de choses. Cependant sa réputation était moins
mauvaise que celle de beaucoup de ses adhérents; mais il
avait le tort, aux yeux des honnêtes gens, d'agir de concert avec eux. Il fit à cette époque d'incroyables efforts

pour détacher des blancs les mulâtres ; il se déclara ouvertement le protecteur de ces derniers, à qui il laissa
entrevoir qu'ils pourraient être soutenus par la France ;
il leur persuada que les planteurs blancs n'étaient pas
sincères, et leur promit que si les mulâtres voulaient se
joindre à lui, il ferait accueillir toutes leurs demandes par
le gouverneur. Ces artifices réussirent au-delà des espérances de M. de Mauduyt : c'est ainsi qu'il sema la discorde entre les deux classes. Dès-lors les mulâtres se
montrèrent exigeants et défiants, et se dévouèrent aux
intérêts de M. de Mauduyt.

Dans cette circonstance critique, la conduite des planteurs fut impolitique, et témoigna chez eux d'une faiblesse extrême. Au lieu de la modération et de l'unanimité qui pouvaient les faire triompher, ils se divisèrent et
donnèrent à leurs ennemis de justes sujets de se plaindre
de leur ambition et de leur extravagance.

Pour surcroît d'embarras et de confusion, l'assemblée
provinciale du Nord suscita à l'assemblée générale toute
sorte d'entraves ; le 28 mai elle passa le fameux décret de
la nouvelle constitution, qui porta le dernier coup à la
cause des blancs. Plusieurs articles de ce décret étaient
tout à fait subversifs de la subordination coloniale. Ce
décret ne fut pas plus tôt promulgué, que le gouverneur
Peynier, le colonel Mauduyt et autres de la faction, affir-
mèrent hardiment que l'assemblée générale, à l'imitation
des Américains, visait à se soustraire à toute autorité de
la France et à l'établissement d'une complète indépendance. Mais l'improbabilité d'une telle imputation ne
permit pas qu'elle obtînt le moindre crédit. Alors ces
messieurs imaginèrent de propager comme chose certaine, que la colonie avait été vendue aux Anglais, et que

pour prix de cette trahison, l'assemblée générale avait reçu quarante millions. Quelque étrange que cela puisse sembler, il n'est pas moins certain que cette accusation calomnieuse et d'ailleurs tout à fait invraisemblable, trouva dans toute la colonie des gens disposés à y ajouter foi; ce qui jeta un grand odieux sur l'assemblée générale. Plusieurs paroisses rappelèrent leurs députés, et les habitants en général ne virent plus l'assemblée qu'avec crainte et avec méfiance.

Le gouverneur Peynier, encouragé par le succès de cette odieuse manœuvre, se détermina, d'après l'avis du colonel Mauduyt, à prendre des mesures violentes pour assurer sa suprématie. Par proclamation il prononça la dissolution de l'assemblée générale, et à la tête d'une force armée, il arrêta plusieurs députés d'une réunion provinciale, qui avaient osé contrarier sa volonté. De tous côtés il rassembla des troupes dans l'île, établit des magasins militaires, et fit avec beaucoup d'activité ses préparatifs de guerre.

Cependant, de leur côté, les membres de l'assemblée générale ne restaient pas dans l'inaction : ils sommèrent les habitants de venir à Saint-Marc défendre leurs députés; ils levèrent des troupes et parvinrent à ranger de leur côté l'équipage d'un vaisseau de ligne français qui jusque là avait été sous le commandement d'un partisan de Peynier et de Mauduyt. Tout était anxiété et alarme; les hostilités semblaient prêtes à commencer; on s'attendait à tout instant à voir frapper un coup important; et tout menaçait d'une lutte obstinée et sanglante.

Mais le sang humain ne devait pas encore couler dans cette circonstance. Un événement inattendu, et dont aujourd'hui encore on ne peut se rendre compte, en prévint

l'effusion. Les membres de l'assemblée générale, cé-
dant à une impulsion soudaine, décidèrent de se rendre tous en France pour y justifier leur conduite aux yeux
de l'autorité suprême. En peu de jours, tous ces députés,
au nombre de 83, abandonnèrent leur pays natal pour
exécuter un plan hardi et patriotique. Cette conduite
désintéressée frappa d'étonnement et d'admiration tous
les partis dans la colonie. Tous parurent disposés à s'en
rapporter à la décision du roi et de l'assemblée nationale;
de ces dispositions il résulta un calme passager, bientôt
troublé par d'autres événements et par les actes d'autres
hommes professant des principes bien différents. Tant il
est vrai que l'anarchie et le despotisme ont été également
funestes à la colonie de Saint-Domingue! elle venait de
souffrir par l'anarchie; elle eut maintenant à gémir sous
le despotisme.

Le parti dominant en France dans l'assemblée nationale, s'appuyant sur Péthion, Brissot et Robespierre,
avait vu avec un déplaisir extrême la conduite paisible
des gens de couleur, et souffrait de l'accord qui semblait
prêt à renaître entre eux et les blancs : une telle coalition
aurait renversé tous leurs projets; ils firent donc les derniers efforts pour l'empêcher ; et quand le mensonge et la
calomnie ne purent plus rien, le parti se détermina à des
mesures plus audacieuses.

Parmi les mulâtres qui résidaient à cette époque à
Paris, se trouvait Jacques Ogé, de Saint-Domingue;
jeune homme de grands moyens, à l'imagination ardente,
au tempérament bouillant. Les niveleurs jetèrent les
yeux sur lui et trouvèrent effectivement en lui la personne la plus propre à l'accomplissement de leur projet :
ils l'introduisirent aux séances de la société des *amis des*

Noirs, où il apprit à connaître ses droits et à ressentir les injures souffertes par ses frères; là on lui peignit sous les couleurs les plus vives l'injustice et la cruauté des blancs, et les maux auxquels sa race demeurait exposée; là il se pénétra de l'absurdité et de la monstruosité du préjugé qui ne faisait juger d'un homme, quels que fussent d'ailleurs son mérite et sa capacité, que par la couleur de sa peau. Ogé fut enflammé par ces discours, au point d'en perdre presque la raison : on n'eut pas de peine à lui persuader de se charger d'une mission tendante à affranchir sa race de l'oppression, à la faire sortir de l'abjection.

Bien fourni d'argent et de lettres de crédit, l'enthousiaste Ogé s'embarqua en juillet 1790 pour les États-Unis; il y acheta des armes et des munitions qu'il trouva les moyens d'introduire furtivement à Saint-Domingue. Mais à son arrivée, quel ne fut pas son désappointement! Ses amis de France l'avaient assuré que le peuple de couleur accourrait pour se joindre à lui; et pendant plusieurs semaines, c'est à peine si tous ses efforts purent le mettre à même de passer en revue deux cents jeunes gens sans expérience ni capacité; et sur ceux-ci encore il n'avait qu'une autorité très-limitée. Malgré toutes ses exhortations, cette bande turbulente et indisciplinée se livra aux plus atroces énormités. Tous ceux de leur caste qui refusaient de se joindre immédiatement à eux étaient inhumainement égorgés. Un mulâtre, pour faire excuser son retard de marcher avec eux, montrait sa femme et ses six petits enfants : on mit fin à ses hésitations en massacrant toute la famille jusqu'au dernier.

L'issue de cette téméraire expédition fut telle qu'on pouvait l'attendre : bientôt parut une force supérieure,

dirigée contre elle, et la petite armée d'Ogé fut complè-
tement détruite. Quant à lui, suivi d'un petit nombre de
ses adhérents, il réussit à gagner la partie espagnole de
l'île; mais l'asile qu'il y trouva d'abord ne fut que d'une
bien courte durée : bientôt le gouverneur espagnol, sur
la réclamation de M. Peynier, le livra aux blancs, et il
fut conduit au Cap-Français, jugé, condamné; il périt sur
la roue. Néanmoins, cette tentative malheureuse eut des
suites importantes et durables. Le supplice affreux subi
par Ogé fournit aux *Amis des Noirs* en France un motif
de déclamations passionnées, et à Saint-Domingue il
s'éleva une barrière désormais infranchissable entre les
blancs et les mulâtres.

Si nous reportons nos regards sur ce qui se passait
alors en France, nous y trouvons que tout était contraire
aux vues des planteurs blancs, devenus odieux à tous les
partis : aux royalistes, à cause de leurs chimériques
idées de résistance aux ordres du roi; aux hommes mo-
dérés, à cause de leurs préjugés absurdes et de leurs vengeances cruelles envers les hommes de couleur; aux dé-
mocrates et aux jacobins surtout, à cause de leurs idées
sur la nécessité de l'esclavage perpétuel des nègres.

Dans cette révolte de toutes les opinions contre les colons blancs, les députés de la colonie, à leur débarquement en France y furent fort mal accueillis. A peine dans
l'assemblée Nationale leur fut-il permis d'essayer une
apologie des actes de l'assemblée générale de la colonie,
dont la conduite fut censurée avec la plus grande âpreté :
tous ses actes furent infirmés, et les députés furent mis
en état d'arrestation provisoire. L'assemblée Nationale
demanda au roi des ordres pour la formation d'une nou-

velle assemblée coloniale, et l'envoi à Saint-Domingue
d'une force imposante pour le maintien de l'autorité de
la métropole.

Le langage ne saurait suffire à peindre ce qui se
passa à Saint-Domingue quand on y connut ce qui se
passait à Paris, et qu'y arriva le décret de l'assemblée
Nationale : l'étonnement et la consternation des blancs
furent à leur comble. Jamais, disaient-ils, même au temps
du pouvoir absolu et sous le règne de Louis XIV, il n'avait
rien été fait d'aussi tyrannique. C'était le rétablissement,
avec aggravation, de l'ancien régime monarchique! les
blancs se voyaient désormais voués à une inévitable
destruction, placés entre les mulâtres d'une part et
Mauduyt avec ses adhérents de l'autre. Considéré comme
l'auteur de tant de calamités, la rage de la population
presqu'entière se tourna contre M. de Mauduyt; elle
franchit toutes les bornes, et les soldats de son propre
régiment ne tardèrent pas à partager l'exaltation des
sentiments de la multitude : ils avaient idolâtré leur
colonel, et passant rapidement aux fureurs de la haine
la plus barbare, ils le massacrèrent avec la dernière
férocité.

Maintenant, enhardis par l'état de trouble dans lequel
était plongée la malheureuse colonie de Saint-Domingue,
Brissot, Robespierre et tous les chefs de la faction des
Jacobins se concertèrent pour proposer à l'assemblée
Nationale les mesures les plus terribles contre les colons
blancs. Mais à l'exécution des projets de la *Société
des Amis des Noirs* il se présentait un obstacle en appa-
rence insurmontable. On peut se rappeler que l'assemblée
avait, par son décret du 8 mars 1790, renoncé à toute
intervention dans les affaires intérieures des colonies : ce-

pendant les meneurs no désespéraient pas encore; mais
ils jugèrent bien qu'il fallait, auparavant d'agir ouvertement, préparer par tous les moyens l'esprit public. Toute
l'argumentation raisonneuse de Brissot, toute là science
métaphysique de Condorcet, toute l'éloquence passionnée
de l'abbé Grégoire, furent mises en œuvre pour imprimer
le sceau de la réprobation sur le front des colons propriétaires d'esclaves, et inculquer dans tous les esprits l'équité
autant que la nécessité et la saine politique de rendre aux
mulâtres leurs droits civils : c'est à ce moment que
parvint en France la nouvelle du supplice infligé au malheureux Ogé : l'impression terrible et douloureuse que
causa presque généralement en France cet événement,
servit merveilleusement les projets des *Amis des Noirs*, et
ils l'exploitèrent avec beaucoup d'habileté. Afin d'ajouter
encore à l'effet, Robespierre s'arrangea avec une troupe
de comédiens pour faire représenter sur la scène le dernier acte de ce drame lugubre. L'effroyable pantomime
couvrit de tant d'odieux les colons blancs aux yeux de la
multitude, qu'ils n'osaient plus se montrer dans les rues.

Pouvant maintenant compter sur le succès, le 15 mai
1791 l'abbé Grégoire fit à l'assemblée la motion de déclarer que tous les hommes de couleur des colonies, nés de
parents libres, étaient aptes à jouir de tous les droits de
citoyens français, et que parmi ces droits se rangeait en
première ligne celui d'éligible dans les assemblées de
paroisses et à l'assemblée coloniale. Grégoire soutint cette
motion de toute la puissance de son éloquence. Il trouva
cependant une vigoureuse opposition. Parmi ses antagonistes, les uns soutenaient que si un tel décret passait,
c'était la ruine des colonies. C'est à cette occasion que
fut émise cette fameuse maxime, qui a été attribuée tan-

tôt à l'un, tantôt à l'autre parmi les négrophiles :
« Périssent plutôt les colonies que de sacrifier un iota de
» nos principes ! » Les avocats des blancs furent vaincus
dans cette mémorable séance ; le décret passa à une
grande majorité, et aux acclamations du peuple.

L'effet qu'il produisit parmi les colons blancs à
Saint-Domingue peut se concevoir plus facilement qu'on
ne peut le décrire. Ils se répandirent en effroyables im-
précations ; ils déclarèrent unanimement qu'ils ne recon-
naissaient plus dans l'assemblée Nationale que des ennemis implacables.

A cette époque, dans toute la colonie de Saint-Domingue les préparatifs avaient été faits pour la commémora-
tion de la fédération du 14 juillet. Mais il fut unanimement
résolu que la prestation du serment civique serait refusée.
On foula aux pieds la cocarde nationale.

Au Cap-Français, la motion fut faite de s'emparer
de tous les vaisseaux qui étaient sur la rade, et de
confisquer les propriétés des négociants français. Dans
l'assemblée provinciale, on proposa d'abattre les couleurs françaises et d'arborer le pavillon d'Angleterre.
L'autorité du gouverneur fut totalement méconnue : il
fut même obligé, pour sa sûreté, de promettre qu'il pro-
testerait contre le décret par ses remontrances, et qu'en
attendant il en suspendrait l'exécution.

Cependant les colons jugèrent que, pour assurer la tranquillité, le moyen le plus convenable était la prompte
convocation d'une assemblée générale de la colonie : les
paroisses procédèrent à l'élection de leurs députés, qui
avaient pour mandat spécial de protester contre le décret
de l'assemblée Nationale. Les députés, au nombre de
176, se réunirent à Léogane, le 9 août 1791, où s'étant

constitués en assemblée générale de la partie française
de Saint-Domingue, ils s'ajournèrent ensuite au 25 du
même mois. Le 25, ils prirent la résolution de transporter au Cap-Français le siége de l'assemblée.

Mais avant le jour fixé pour cette nouvelle réunion, les
plaines les plus fertiles et les plus peuplées de la colonie
étaient devenues le théâtre de la dévastation, de l'incendie, du massacre des blancs, de la terreur et de la désolation universelle.

Depuis longtemps les gens de couleur restaient dans un
état d'irréconciliable inimitié envers les blancs. Quand,
après la défaite d'Ogé, ils avaient mis bas les armes, il
s'en fallait bien que ce fût sans rancune et dans des dispositions pacifiques : ils n'avaient fait que céder à la nécessité, et leurs ressentiments n'avaient depuis perdu rien
de leur force. Le décret du 15 mai devint le brandon qui
enflamma les éléments combustibles mis en réserve dans
leurs cœurs. Les mulâtres, convaincus de l'immutabilité
des dispositions des blancs à leur égard et de leur dé-
termination de refuser à tout jamais la reconnaissance
de leurs droits, durent profiter du trouble et de la confusion causés par le décret, pour forcer leurs antagonistes à leur donner satisfaction, et pour obtenir par l'épée
ce qu'on refusait à la justice et à la raison. Ils s'élancèrent donc en armes de tous les points de la colonie, ré-
solus à vaincre ou mourir. La mort sur un champ de
bataille, criaient-ils, est préférable à la mort sur un
échafaud ou à l'égorgement de sang-froid.

D'abord, en effet, ils ne pouvaient guère espérer
qu'une mort honorable; pour le nombre, ils étaient de
beaucoup inférieurs aux blancs ; ils l'étaient encore
plus pour la capacité et la discipline.

Les blancs avaient vu la tempête s'approcher, mais se méprenant sur son degré de violence, ils en avaient méprisé l'effet; ils doutaient peu de la facilité avec laquelle l'insurrection des mulâtres serait étouffée.

Dans ce moment critique et fatal pour les hommes de couleur, ils ne virent plus d'autre chance de salut que d'appeler à leur aide l'insurrection des noirs esclaves.

D'abord ce projet ne semblait pas d'une exécution très-facile. Les gens de couleur n'avaient pas l'affection des nègres; ils étaient généralement connus comme des maîtres beaucoup plus sévères que les blancs. Cette dureté était même devenue proverbiale; le maître mécontent de son esclave ne trouvait rien de mieux pour l'effrayer que de lui dire : « Je te vendrai à un mulâtre. » D'ailleurs, les nègres trouvaient plus durs les mauvais traitements infligés par des gens dont ils se croyaient plus rapprochés que des blancs par l'origine moitié africaine des gens de couleur. La rancune et l'animosité entre nègre et mulâtre, était en un mot de vieille date. Cependant il y avait aussi dans la situation présente bien des motifs pour espérer, et qui pouvaient contre-balancer puissamment les affections des nègres. Depuis longtemps ceux-ci nourrissaient l'espoir de s'affranchir, et le concours des mulâtres leur offrait une chance de réussite qui ne s'était encore jamais présentée; car toujours les gens de couleur avaient puissamment secondé les blancs pour river les chaînes des nègres.

L'appui de la société des Amis des Noirs, la présence de ses apôtres à Saint-Domingue, la lecture des pamphlets répandus par les négrophiles, avaient muri les nègres pour l'émancipation. Malheureusement en leur apprenant qu'ils étaient des hommes appelés à jouir des droits de

l'humanité, on ne leur en avait pas inculqué les principes : on n'avait fait que démuseler la bête féroce.

Quoi qu'il en soit, les nègres prirent leur parti avec une
unanimité, un ensemble qu'on n'aurait pu attendre même
d'êtres moins abrutis. Tout à coup ils abandonnent les
plantations, ils offrent leur coopération aux mulâtres, et
se répandant comme un torrent débordé, la torche d'une
main, le glaive de l'autre, bientôt la fertile plaine des
environs du Cap n'offre plus qu'un monceau de cendres
arrosé du sang des blancs. Les neuf-dixièmes de tous les
esclaves de la province du nord de Saint-Domingue
prirent instantanément part à cette terrible insurrection.

Les deux castes, *nègres* et *mulâtres*, avaient fait entre
elles un pacte horrible; elles s'étaient mutuellement promis alliance et fidélité pour la destruction des blancs. Un
plan fut concerté entre elles, pour une insurrection générale dans toute l'île, et on avait arrêté qu'elle éclaterait le
23 août.

Peu après l'heure de minuit, la révolte commença dans
la paroisse de l'Acul, et en quelques heures elle fut générale dans toute la province. Le mode de procéder était
systématique autant que sanglant. Sur chaque plantation
les nègres commencèrent par l'égorgement des blancs
qui étaient endormis et sans défiance; ensuite chaque
atelier allait se joindre aux confédérés. On a calculé que
le nombre des insurgés ne pouvait guère être, dans la
province du nord, au-dessous de cent mille. Tous les
blancs qu'ils purent atteindre furent égorgés sans
distinction. Aucune miséricorde ni pour le sexe, ni pour
la vieillesse, ni pour l'enfance. Les édifices et les plantations furent également incendiés; en peu d'heures, le
pays entier n'offrit plus qu'une vaste conflagration.

Au Cap-Français tout était confusion, horreur et consternation; d'énormes colonnes d'une fumée rouge entouraient la ville et s'élevaient jusqu'au ciel. A chaque instant quelque blanc fugitif l'œil égaré, muet de terreur, couvert de sang, venait tomber sur le pavé.

On s'attendait dans la ville du Cap à une attaque furieuse, et elle aurait pu facilement réussir aux nègres, car on était presque sans troupes, et la position n'était pas défendue. Le massacre de toute la population blanche semblait inévitable et prochain.

Heureusement les noirs, enivrés du succès de leur entreprise, se vautrant dans le sang des victimes et s'abreuvant de vins et de liqueurs dans les caves des planteurs, ne poursuivirent pas leur marche : ils laissèrent aux habitants du Cap le temps de revenir de leur stupéfaction et de pourvoir à quelques moyens de défense. Les habitants envoyèrent leurs femmes et leurs enfants à bord des vaisseaux, et à la hâte ils élevèrent quelques fortifications à l'entour de la ville. Les blancs se disciplinèrent et bientôt il leur fut possible de tenter des sorties contre les insurgés.

Pour l'objet que nous avons en vue dans cette notice sur les affaires coloniales, il n'entre pas dans notre cadre étroit de raconter avec détails tout ce qui s'est passé à Saint-Domingue depuis la première insurrection des nègres. Cette affreuse guerre a offert une suite de sanglants épisodes qu'il nous faut passer sous silence.

Malgré tous les efforts des blancs, les nègres purent pendant longtemps leur disputer le terrain. Un jour ils étaient mis en complète déroute, et le lendemain ils reparaissaient dans leur état de sauvage nudité, mais plus nombreux et plus enragés que jamais. La rébellion s'étendit aux autres provinces, et le Port-au-Prince se vit en danger d'être réduit en cendres.

On a calculé que pendant cette première insurrection, et en moins de deux mois, 180 plantations à sucre, 900 caféteries, cotonneries et indigoteries furent incendiées et détruites. Douze cents familles blanches tombèrent de l'opulence dans un tel état de misère et de dénûment, qu'elles ne pouvaient plus subsister qu'aux dépens de la charité publique.

Les chefs mulâtres, parmi lesquels il se trouvait un grand nombre de propriétaires accoutumés aux jouissances de la fortune, s'aperçurent enfin que des droits politiques acquis au prix de l'incendie et de la dévastation; qu'une guerre qui les forçait de passer leur vie au sein d'une horde de cannibales, n'étaient d'aucun avantage, et que l'exercice même de ces droits ne pouvait avoir lieu dans un tel état de désorganisation sociale : ils se lassèrent de prendre part à ces scènes d'horreur et de sauvagerie. D'ailleurs, ils voyaient peu à peu s'évanouir leur autorité sur les nègres; ils perdaient chaque jour de leur triste influence. Ils craignirent même que bientôt les nègres ne les enveloppassent avec les blancs dans une commune proscription, n'ayant plus besoin d'eux pour rompre leurs chaînes.

Les mulâtres en vinrent à désirer une réconciliation avec les blancs, et ils leur envoyèrent des émissaires pour en stipuler les conditions : ils protestèrent que jamais ils n'avaient eu en vue le massacre des blancs et la destruction de la propriété, au maintien de laquelle un grand nombre d'entre eux étaient personnellement inté-

ressés : mais ils persistaient dans la réclamation des
droits que leur assurait le décret de l'assemblée Nationale du 15 mai.

Ces ouvertures furent accueillies avec joie par les
blancs. Ces fiers despotes sentaient maintenant que leurs
violences et leur injustice leur avaient été bien funestes.
L'assemblée coloniale, par un décret en date du 20 septembre, déclara qu'elle ne s'opposerait pas plus longtemps
à la pleine et entière exécution du décret de l'assemblée
Nationale du 15 mai, et qu'elle était prête à admettre les
gens de couleur à une libre participation à tous les priviléges des blancs. La proclamation de cette sage résolution
amena la dislocation générale des bandes d'insurgés. Mais
il s'en faut bien que tous les nègres soient rentrés sur les
habitations de leurs maîtres. Un très-grand nombre
d'entre eux furent chercher un refuge dans les bois, dans
les montagnes et autres lieux difficilement accessibles.

C'est ainsi que pendant un certain temps furent étouf-
fées les flammes de la guerre civile. Mais la défiance et la
haine couvaient encore dans bien des cœurs; elles étaient
prêtes à se faire jour à la moindre issue, et la cendre re-
célait l'étincelle qui devait plus tard rallumer l'incendie.

Peu de jours après l'arrivée à Saint-Domingue du décret
de l'assemblée Nationale du 15 mai, le gouverneur général
de la colonie avait dépêché en France un aviso pour faire
connaître au gouvernement le terrible et menaçant effet
qu'avait produit ce décret sur les blancs. Il apprenait au
ministère la résistance des colons et la fureur de leur indignation; il prédisait que ce décret du 15 mai serait
l'arrêt de mort de milliers d'individus et la cause inévitable de la perte de la colonie pour la France. Les meneurs
du parti jacobin à Paris, si fiers de ce qu'ils avaient obte-

nu, tombèrent bientôt dans la disgrâce, furent accablés
de reproches et presque traités avec outrage. De tous
côtés, et principalement des villes maritimes et de commerce, il pleuvait sur le bureau de l'assemblée Nationale
des pétitions pour obtenir le rapport de tous les décrets
qui avaient pu être préjudiciables aux intérêts des planteurs. On suppliait l'assemblée de ne négliger aucune
mesure propre à calmer l'irritation des blancs propriétaires d'esclaves dans les colonies.

A la fin (le 24 septembre) il y eut dans l'assemblée Nationale une motion faite pour l'annulation du fatal décret
du 15 mai. L'assemblée Constituante, sur le point de se
dissoudre, désirait tout laisser après elle dans un état de
tranquillité, et le rapport du fatal décret fut voté à une
grande majorité.

Mais l'avis de cette nouvelle résolution ne fut pas plutôt
donné à Saint-Domingue, que la guerre y reparut avec son
cortège accoutumé d'horreurs et de dévastations. Même
avant le rapport du décret du 15 mai, les gens de couleur
avaient commencé à entretenir des doutes sur la sincérité
des blancs. Maintenant convaincus que c'étaient eux qui
avaient provoqué les pétitions et qu'ils étaient virtuelle-
ment la cause du rapport, ils reprochèrent aux blancs ce
qu'ils qualifiaient, avec quelque raison peut-être, de
monstrueuse duplicité, de manque de foi honteux, de
trahison odieuse. Exaspérés jusqu'à la rage, de toutes
parts les mulâtres coururent aux armes, et jurèrent de ne
les déposer qu'après l'entière extermination des blancs.

Et vraiment ce fut bien une guerre d'extermination !
tout mouvement de compassion, tout sentiment d'humanité fut banni de tous les cœurs; mulâtre ou blanc, blanc
ou mulâtre, fut également sourd au cri de la pitié; la

frénésie la plus barbare guidait les coups; jamais plus diabolique émulation de cruautés n'avait encore dégradé l'espèce humaine.

Les partis se livrèrent bataille dans un lieu appelé le *Cul-de-sac*; mais ce combat ne fut pas décisif, quoique l'armée des blancs parût avoir quelque avantage. Ils tuèrent deux mille hommes et firent quelques prisonniers : on exerça sur ces malheureux tous les raffinements de cruauté qu'une imagination en délire peut inventer. Plusieurs des prisonniers périrent par le supplice de la roue; d'autres furent jetés tout vifs dans des brasiers ardents. Il est superflu de dire que les mêmes fureurs, la même férocité animaient les mulâtres.

Effrayée de l'état dans lequel se trouvait Saint-Domingue, dès l'automne précédent, l'assemblée Nationale française avait désigné trois commissaires spéciaux et extraordinaires qui devaient prendre le gouvernement de cette colonie : ils avaient été investis de pouvoirs illimités, et ils arrivèrent à Saint-Domingue vers les fêtes de Noël. Ils n'inspirèrent dans la colonie que peu de respect; c'est à peine si l'on accorda quelque attention à leur arrivée; et ce qu'il y avait de pis, c'est qu'ils arrivaient sans être soutenus par aucunes troupes. Bientôt ils tombèrent au dernier degré de l'avilissement et du mépris. Ils firent publier le décret qui ordonnait le rapport de celui du 15 mai 1791, ce qui les rendit odieux aux mulâtres.

Ils essayèrent ensuite de ranimer leurs forces en proclamant une amnistie générale, offerte à tous ceux qui mettraient bas les armes dans un délai donné; et c'est ainsi que d'un autre côté ils s'aliénèrent le parti des blancs, qui considéraient cette amnistie comme la justification des crimes horribles qu'ils reprochaient aux mulâtres, et comme offrant un dangereux exemple au petit nombre d'esclaves restés fidèles à leurs maîtres.

Après avoir fait plusieurs tournées dans les différentes paroisses de la colonie, sans rien obtenir, sans rien pouvoir faire d'utile, et se voyant également haïs et méprisés, ils revinrent séparément en France dans les mois de mars et d'avril 1792.

Pendant quelques mois l'état des affaires n'offrit aucun changement important. Les blancs continuaient d'être les maîtres au Cap-Français, au Port-au-Prince et dans la plupart des forts et autres places de la colonie. Les mulâtres et les nègres étaient en possession de tout le pays découvert dans les provinces du Nord et de l'Ouest, et ils avaient fortifié plusieurs de leurs camps, particulièrement dans un lieu appelé la *Croix des Bouquets*. Au surplus, toute culture, tout commerce, toute industrie avaient entièrement disparu.

Mais, pendant cette première période des troubles de Saint-Domingue, des événements bien importants avaient changé radicalement l'ordre des choses en France. Les républicains y triomphaient; le souverain avait été détrôné. La *Société des Amis des Noirs*, dans cette conjoncture, ne pouvait manquer de revenir à son thème favori, l'émancipation des nègres dans les colonies françaises, et spécialement à Saint-Domingue. Elle se mit à l'œuvre sans perte de temps.

Les décrets qui rétablissaient les gens de couleur libres dans l'exercice de leurs droits, n'étaient que la préface de l'émancipation générale : de nouveaux commissaires furent institués, pour y aller travailler à Saint-Domingue ; ils furent revêtus des pouvoirs absolus de l'assemblée. Il leur était très-spécialement recommandé de faire tout ce qui pourrait tendre à l'émancipation des esclaves. On leur disait qu'il ne fallait reculer devant aucun sacrifice pour atteindre à ce but. L'insurrection même et l'anarchie étaient préférables au maintien de l'esclavage, portaient leurs instructions.

Les commissaires envoyés à Saint-Domingue étaient Sonthonax, Polvérel et Ailhaud, tous trois professant le républicanisme le plus ardent. Pour assurer le respect dû à leur caractère de plénipotentiaires, on leur donnait 8,000 hommes de troupes. On pensait qu'une telle force imposerait à tous les partis, et intimiderait surtout les colons blancs, qui se mettraient à la merci des commissaires.

Ceux-ci arrivèrent avec leur suite au Cap-Français, le 13 septembre. Le premier acte de leur autorité fut la dissolution de l'assemblée générale de la colonie, qui siégeait alors dans cette ville, et le renvoi en France, du gouverneur Blanchelande, où, peu de temps après, il fut guillotiné.

L'arrivée des commissaires avait terrassé le parti des colons blancs. On ne les voyait dans ce parti que comme des démons suscités par l'ange des ténèbres, pour aggraver la misère des planteurs blancs. Chacun, au surplus, soupirait après la convocation d'une nouvelle assemblée générale coloniale, et cette convocation fut vivement sollicitée ; mais les commissaires restèrent sourds à ce vœu si formellement exprimé.

Ils dirigèrent d'abord leur attention sur l'établissement de leur propre autorité, et ils instituèrent une garde spéciale pour leur sûreté personnelle. D'abord, les troupes avaient montré quelques dispositions à la résistance, mais par des largesses les commissaires s'en rendirent maîtres.

Jouissant maintenant d'un pouvoir sans contrôle dans la colonie, et solidement assis sur le siége de leur gouvernement, les planteurs assurent qu'ils se lancèrent dans une carrière de tyrannie, qui jamais n'avait encore eu d'exemple ; qu'ils firent les réglements les plus arbitraires ; qu'ils imposèrent des taxes oppressives ; qu'ils levèrent avec la dernière rigueur d'exorbitantes contributions ; qu'ils firent jeter dans les cachots quiconque tenta de modérer la fougue de leurs passions désordonnées; que les prisons se trouvèrent encombrées, indépendamment des nombreuses victimes de leurs fureurs qu'ils firent arrêter et qu'ils envoyèrent en France en les recommandant comme de dangereux conspirateurs à juger et à punir. Au nombre de ces déportés se trouvait M. Desparbès, le commandant militaire qui avait succédé en cette qualité à M. de Blanchelande.

Malheureusement, dans ce conflit de tant d'intérêts froissés, de tant de passions déchaînées, il est bien difficile de prononcer sur la vérité de tant de graves accusations.

Cependant le pays continuait d'être infesté par des bandes errantes de nègres insurgés, qui, sortis des retraites où ils s'étaient tenus dans les montagnes, se répandaient dans la plaine pour se livrer au pillage journalier et souvent au meurtre.

Tel était l'état des choses à Saint-Domingue vers la fin de 1792.

La position des hommes de couleur était désormais assurée, et dès l'arrivée des commissaires Polvérel et Sonthonax, les mulâtres s'étaient joints aux troupes qu'ils avaient amenées à Saint-Domingue, abandonnant les noirs révoltés. Les chefs mulâtres furent confirmés dans leurs

grades et d'autres appelés à des emplois importants. Mais
cependant les commissaires avaient proclamé, en débar-
quant, la légalité de l'esclavage, et si les blancs avaient
été inspirés de quelque prudence, joints aux mulâtres,
ils auraient peut-être pu encore longtemps maintenir
leur domination sur les nègres ; mais ces fiers colons ne
purent s'accoutumer à l'égalité qu'on leur imposait avec
les hommes de couleur. Déjà ils avaient tenté un mouvement contre-révolutionnaire à la nouvelle du 10 août; la
fermeté des commissaires l'avait promptement comprimé;
mais le 25 janvier 1793, un chevalier de Saint-Louis,
nommé Borel, qui s'était fait nommer commandant de la
garde nationale au Port-au-Prince, souleva de nouveau
cette ville turbulente.

Après des négociations infructueuses, les commissaires
se virent forcés d'attaquer le Port-au-Prince par mer et
par terre. La ville ne se rendit qu'après avoir reçu 5,000
boulets.

Dans le sud, les blancs de la paroisse de la Grande-Anse
imitèrent la révolte du Port-au-Prince. Les officiers mulâtres Rigaud et Pinchinat furent envoyés contre ces
nouveaux rebelles.

Quant à l'insurrection des nègres, elle fut aussi vi-
ment combattue. Le général Lavaux marcha contre
leurs chefs Jean-François et Biassou, et détruisit leurs
camps retranchés.

Cependant la France venait de déclarer la guerre à
l'Angleterre. Telle était la situation des affaires au mois
de mai 1793, quand le général Galbaud, nouveau gouverneur envoyé par la France, débarqua au Cap-Français,
animé de sentiments hostiles contre les commissaires,

4

en sa qualité de colon et propriétaire à Saint-Domingue.

Sur ces entrefaites, un officier de marine se prend de querelle dans la ville avec un mulâtre. Le marin retourne à son bord, et son récit enflamme la colère de tout l'équipage. Les commissaires, à qui on demande de sévir contre le mulâtre, répondent qu'ils ne peuvent juger sans entendre la défense de l'accusé. « Quoi ! s'écrie le prétendu » offensé, vous voulez qu'un officier de marine se mette » en présence d'un mulâtre ! avant votre arrivée il eût été » pendu ! — Ce sont ces injustices, répondit Polvérel, qui » nous ont conduits à Saint-Domingue, et nous ferons » tous nos efforts pour qu'elles ne se renouvellent plus » désormais. »

Les officiers du vaisseau sont exaspérés de cette réponse ; ils excitent les marins à la révolte ; les déportés du Port-au-Prince y prennent part : on prépare déjà les cordes qui doivent pendre les commissaires ; ils ne peuvent presque plus compter sur la fidélité des troupes, travaillées par l'influence coloniale ; ils ne sont plus soutenus efficacement que par les dragons d'Orléans unis aux mulâtres. Alors commence une affreuse mêlée, que la nuit seule vint interrompre. Au point du jour, le lendemain, le combat recommence ; mais les commissaires sont vainqueurs. Les marins fuient et se rembarquent ; mais en abandonnant le champ de bataille, ils se livrent au meurtre et au pillage.

Cependant, au plus fort du combat, les bandes insurgées de nègres avaient mis à profit ce terrible événement ; descendant des mornes du Cap, ils avaient pénétré dans la ville, couru à la geôle, délivré quatre à cinq cents de leurs frères qui y étaient détenus. Les nègres se livrèrent à des excès impossibles à décrire. Ils mirent le feu à la geôle, puis aux autres maisons. Bientôt la ville tout entière est en flammes.

Galbaud, retiré sur les navires avec les équipages battus et les malheureux blancs qui avaient follement provoqué ces scènes de désolation, fit voile pour les États-Unis, avec deux vaisseaux de ligne et trois cents bâtiments chargés de blessés et de réfugiés.

La victoire ne laissait donc aux commissaires que des ruines. Ils manquaient également et de munitions de guerre et de vivres. Mais, étrange épisode de cette lutte chaotique! ces mêmes nègres, qui avaient brûlé la ville, viennent offrir les secours de leurs bras pour en déblayer les décombres et se font les pourvoyeurs de ce qui y restait de leurs victimes; ils leur apportent des vivres, qu'ils se procurent dans la plaine.

La position de Sonthonax au Cap était des plus difficiles; Polvérel était retiré aux Cayes, où tout était calme, tandis que son collègue, qui n'avait auprès de lui que mille soldats avec sept à huit cents mulâtres, se trouvait cerné de toutes parts par trente mille noirs insurgés. Dans cette extrémité, d'après les pouvoirs éventuels qu'il tenait de la Convention, il prit le seul parti que pouvait conseiller la prudence; le 29 août il prononça l'affranchissement général des noirs.

Les blancs députèrent vers le gouverneur de la Jamaïque un riche planteur, le sieur Vincent de Charmilly, pour offrir leur soumission à l'Angleterre.

Une escadre anglaise, partie de la Jamaïque, ne tarda pas à paraître, et avait débarqué des troupes à Jérémie, le 22 septembre, sous le commandement du colonel Whiteloke. Le môle Saint-Nicolas, Saint-Marc, l'Arcahaye,

Léogane, le Grand-Goave et plusieurs autres quartiers du
sud accueillirent aussi les Anglais comme des libérateurs.
Nous croyons devoir donner ici *in extenso*, la proclamation
de monsieur Whiteloke : c'est l'archétype de toutes celles
que les agents anglais ont répandues dans toutes nos colonies, à diverses époques; il n'y a que la date et quelques
mots à changer, selon les localités, et on aura les proclamations du major Cuyler aux habitants français de Tabago; celles de l'amiral Gardner à la Martinique; plus
tard, celles de sir Charles Grey, dans la même colonie,
du major-général Dundas à la Guadeloupe, de sir Ralph
Abercrombie à Sainte-Lucie. Nous n'imputons pas à crime
ces actes des chefs britanniques; sans doute ils obéissaient
aux ordres de leur gouvernement, et si ces belles promesses n'avaient été bientôt indignement violées par eux,
s'ils n'avaient pas fait peser sur les Français, détournés de
leur devoir de fidélité à la mère-patrie, la plus odieuse
tyrannie, nous n'aurions pas à les accuser. Mais n'anticipons pas. C'est quand nous raconterons véridiquement
ce qui s'est passé aux Iles du Vent, qu'on pourra juger la
conduite des chefs anglais.

Voici la traduction littérale de la proclamation Whiteloke, telle que nous la trouvons dans les *State Papers* de
la même année.

Proclamation du lieutenant-colonel Whiteloke, à son arrivée
à Jérémie.

Vu qu'il a plu à son Excellence Adam Williamson, lieutenant-gouverneur et commandant en chef à la Jamaïque, etc., etc., de me choisir, moi John Whiteloke, lieutenant-colonel du 15e régiment d'infanterie au service de

sa Majesté, pour commander les forces envoyées pour prendre possession d'une partie de la colonie de Saint-Domingue; et vu les ordres que j'ai reçus de son Excellence pour la publication de la proclamation suivante :

AUX HABITANTS DE SAINT-DOMINGUE !

Le roi de la Grande-Bretagne a, depuis longtemps, déploré l'horrible détresse à laquelle vous avez été en proie; sa protection, itérativement sollicitée par un grand nombre d'entre vous, ne l'aurait pas été si longtemps en vain, si les rois pouvaient dans toutes les circonstances se livrer à l'impulsion de leur *sensibilité*. Enfin le temps est venu où sa Majesté peut s'abandonner aux émotions de son cœur, et vous recevoir au nombre de *ses sujets,* en vous adoptant comme faisant partie de sa grande famille.

Sa Majesté Britannique ayant, avec sa bonté accoutumée, accueilli les prières d'une grande partie de vos compatriotes, qui lui ont présenté une pétition le 25e jour du mois de février dernier, a donné des ordres au major-général Adam Williamson, son lieutenant-gouverneur à la Jamaïque, pour qu'il ait à détacher immédiatement les forces nécessaires sur Saint-Domingue, à l'effet de prendre possession de la colonie, ou d'une partie d'icelle, jusqu'à ce qu'une paix générale entre les puissances alliées et le gouvernement français établisse *une souveraineté décidée dans la colonie.*

Cette expédition m'a été confiée. Ce n'est pas à titre de conquérant, mais comme *un père,* qu'il a plu à sa Majesté de prendre possession de ce territoire. Dans cette vue, sa Majesté m'a confié le commandement d'un corps de troupes suffisant pour assurer le respect dû au pavillon britannique; et en même temps pour punir ceux qui

pourraient persister à troubler votre tranquillité. C'est
par la persuasion plutôt que par la force, que je désire
conquérir. Un escadron plus formidable, un corps plus
nombreux de soldats, aurait réduit toute la colonie; mais
je serais resté dans le doute sur la sincérité de ceux qui
se seraient rendus. Sa Majesté ne veut avoir pour *sujets*
que ceux qui sont dignes de sa protection et des faveurs
et des avantages que le gouvernement britannique leur
assure. Voilà pourquoi j'épuiserai tous les moyens de
conviction, avant d'employer les forces que j'ai sous mon
commandement, ou d'en demander d'autres qui *sont
prêtes à s'embarquer*, pour réduire ceux qui résisteront et
punir les auteurs et agents de la révolte.

Peuple de Saint-Domingue! l'objet de toutes les institu-
tions politiques étant les intérêts généraux de la société,
et le bien-être de ses membres, la stricte observation des
lois peut seule atteindre ce but.

Il est nécessaire que vous soyez convaincu de cette
incontestable vérité, dont l'oubli a été la cause de toutes
vos infortunes; c'est que lorsque nous désirons obtenir
d'autrui la plus abjecte soumission, il ne nous faudrait
pas journellement donner des exemples d'insubordination
par notre propre conduite. L'union vous est nécessaire;
elle doublera votre force.

Une bien longue expérience doit vous avoir appris que
la chaîne la plus efficace pour contenir vos esclaves, c'est
l'exemple que doivent donner les blancs de l'obéissance
à leurs supérieurs. Rappelez-vous l'état florissant de
Saint-Domingue sous cet ordre de choses régulier, et
comparez à cela les horreurs dont cette île est depuis
devenue le théâtre par la négligence des lois qui vous
gouvernaient jadis.

Les colonies n'ont pas été fondées dans les Indes occidentales dans la vue d'en faire le théâtre des vertus républicaines et d'y faire parade des connaissances humaines. La prospérité réelle d'une colonie repose sur la quantité de ses produits; et l'objet de la mère-patrie ne doit être que d'accroître ses exportations avec le moins de frais possible. Une colonie qui dépend de la métropole pour les avantages de son commerce, pour sa protection et pour sa défense, ne peut par conséquent point avoir de politique extérieure, et jamais elle ne devrait affecter rien de ce qui constitue la souveraineté.

Le vote des impôts et la surveillance de leur emploi, voilà la seule part dans la souveraineté que puisse exercer une colonie; elle doit passer des lois utiles à la communauté, et ne pas disputer celles de la mère-patrie qui la protège.

Pénétrée de cette vérité si simple, sa Majesté veut vous conserver tous vos droits. Je vous déclare, en conséquence, au nom de sa royale Majesté, qu'aussitôt que la paix sera rétablie, vous aurez une assemblée coloniale, à l'effet de régler, d'établir et de vous mettre à même d'exercer ces droits. — En attendant, toutes les anciennes lois françaises seront en vigueur, en tant cependant qu'elles ne seront pas jugées incompatibles avec les mesures propres au rétablissement de la paix.

Chaque individu jouira de ses droits civils et les lois qui garantissent la propriété seront maintenues dans toute leur force.

Sa Majesté désire assurer aux créanciers le paiement de leurs créances. Mais profondément touchée des causes qui ont contribué à plonger la colonie dans la détresse, et de la dévastation de vos propriétés; voulant favoriser vos

efforts pour le rétablissement de vos fortunes ébranlées,
elle m'a autorisé à vous déclarer, qu'à la sollicitation
expresse des habitants et des planteurs, il lui a plu d'accorder une suspension de toutes les poursuites pour re-
couvrement de créances, avec égale interruption des intérêts de toute dette, à compter du premier jour d'août
1791 et jusqu'au complément de la douzième année à
dater dudit jour; *le tout sous certaines restrictions*.

Les taxes locales pour les frais de la protection qui
vous est accordée, et pour l'administration gouverne-
mentale, seront, jusqu'à nouvel ordre, sur le même pied
qu'en 1789. L'Angleterre fera les avances nécessaires
pour subvenir au déficit; lesquelles avances seront plus
tard remboursées par la colonie.

Les taxes municipales pour frais de culte, de la garde
intérieure des paroisses, et pour la punition des nègres,
resteront aussi sur le même pied qu'en 1789, sauf les dé-
charges à donner aux individus dont les habitations ont
été incendiées.

Les habitants jouiront du privilège d'exporter leurs
sucres terrés, qui seront cependant assujettis à tels droits
qu'on jugera nécessaire de fixer.

La religion catholique romaine sera maintenue, sans
préjudice d'aucune autre forme de culte, dont l'exercice
est également permis.

Vos ports seront ouverts aux vaisseaux des États-Unis.

Si quelqu'un des habitants apprend qu'une partie quelconque de sa propriété a été enlevée et portée dans des
pays étrangers, il peut s'adresser à moi librement, et au
nom de sa Majesté Britannique je la réclamerai comme
propriété de *l'un de ses sujets*.

Vous voyez, peuple infortuné, que vos intérêts sont

chers à sa Majesté Britannique. En accédant aux prières
de vos compatriotes, elle ne désire pas vous assujettir *tout
de suite* à des lois auxquelles vous êtes étranger. Elle
vous conserve vos anciennes coutumes, quand celles-ci
ne sont pas contraires à l'ordre civil et à l'intérêt général.
Elle veut seulement qu'il soit pris toute espèce de mesures
pour forcer les esclaves à une due soumission et à l'obéissance, et pour opposer une barrière insurmontable à
l'esprit d'innovation et aux mesures que vos ennemis
conspirent pour votre ruine.

Telles sont, envers vous, les bénignes intentions du roi
de la Grande-Bretagne. Comparez avec elles les actes
atroces des trois individus qui sont vos oppresseurs, avec
les actes des hommes qui ont usurpé une autorité qui ne
pourrait leur avoir été confiée que dans le dessein de
votre destruction. Réduisez-les tout d'un coup à cette
nullité d'où ils sont sortis, et qui les attend; sans illustra-
tion de naissance, nouveaux Érostrates, on ne les connaît
que par leurs crimes, et ceux qui les ont délégués,
étonnés de votre patience et tremblants devant les forces
combinées qui se pressent de tous côtés, les abandonnent
à votre vengeance.

Hommes de couleur! avez-vous pu vous laisser duper
par les déclamations de ces traîtres, qui sont venus vous
vanter la liberté et l'égalité? Ne vous ont-ils pas abusé en
vous les faisant partager avec vos propres esclaves? Abju-
rez promptement vos erreurs : accourez et obtenez de vos
pères et de vos bienfaiteurs l'oubli de ces maux dont vous
avez été cause, et qui, sans cela, vous conduiraient à
votre ruine.

Pouvez-vous imaginer que des esclaves, subitement
appelés à l'affranchissement, à la liberté et à l'égalité,

souffrent patiemment cette supériorité que vous voulez exercer sur eux, et à laquelle vous n'avez d'autre titre que celui qui est fondé sur la générosité de ceux qui vous ont vous-mêmes affranchis? Non! bientôt accablés par le nombre, vos crimes recevraient leur juste punition, des mains mêmes dans lesquelles vous avez placé des armes.

Consentez à jouir des priviléges que notre constitution accorde aux gens de votre espèce dans les colonies, ou recevez le châtiment dû à vos offenses.

Déposez ces armes qu'on vous a mises aux mains pour votre propre destruction, reprenez la conduite de vos plantations; ou bien, venez, ralliez-vous à notre étendard, pour racheter le pardon de vos fautes, en aidant nos troupes à réduire les esclaves rebelles à l'obéissance. Alors, sous notre gouvernement, vous trouverez une protection assurée; — c'est alors que vous jouirez des douceurs, de l'aisance et du calme qui ne résultent jamais que d'une bonne conduite.

Enfin, obéissez à la voix de la nature et de la raison; profitez du moment de l'indulgence et de la lénité; ce moment passera rapidement, et si le jour de la vengeance arrive, le repentir ne pourra plus vous garantir du châtiment.

Nègres employés à la culture des terres! vous qui êtes restés fidèles à vos maîtres, qui avez méprisé les avances des traîtres et de leurs agents; vous qui avez bien vu que les hommes de couleur n'ont pas accordé à leurs esclaves cette liberté qu'on voulait vous faire espérer, comptez sur notre faveur et notre protection. Mais quant à ces nègres qui continueront la vie de fugitifs quinze jours après la promulgation de la présente proclamation, ils sont indignes du pardon que je désire pouvoir accorder au nom de mon souverain ; ils seront punis comme des rebelles.

Planteurs de toutes les classes! je dois vous montrer, sous des couleurs convenables, ce que vous avez à espérer et ce que vous avez à craindre.

Insulaires, vous avez besoin de la protection d'une puissance maritime. Y en a-t-il de plus formidable que l'Angleterre? Ses vaisseaux couvrent les mers, et lui apportent annuellement de tous les coins du monde, des richesses qui sont l'âme même de son commerce national. Ses flottes vous garantiront des attaques des puissances étrangères. Vos propriétés cesseront d'être la proie des corsaires.

Les immenses ressources qu'offre le commerce de la Grande-Bretagne, rendront la vie à vos plantations. — Ces ressources vous arrivent en ce moment pour réparer les ravages faits par le meurtre, la rapine et l'incendie; car la confiance renaît avec l'empire des lois. — Placez-vous donc sous leur empire. Cessez d'arroser vos champs avec du sang. Livrez-moi les traîtres, et ceux qui vous ont ravi vos propriétés. Désignez-moi, vous-mêmes, les *victimes que la justice réclame*, désignez-les moi ; en les abandonnant, et en vous joignant immédiatement aux troupes sous mes ordres, faites que je n'aie rien à regretter dans cette punition exemplaire que je pourrai être forcé d'infliger.

Signé : JOHN WHITELOKE.

Jérémie, le 23 septembre 1793.

Traduit littéralement sur l'acte officiel public à Londres en 1791.

Les commissaires français, environnés de trahisons, prirent des mesures rigoureuses. Sonthonax fit élever la guillotine sur la place du Port-au-Prince. Un blanc y fut seul exécuté. Ce spectacle inusité avait causé une telle horreur, même au sein de toutes les horreurs, que la machine fatale fut enlevée pour ne plus reparaître. Mais tous les blancs furent désarmés et les noirs mis en réquisition.

Une nouvelle escadre anglaise, aux ordres du commodore John Ford, se présenta le 2 février 1794 devant le Port-au-Prince; trois officiers envoyés à Sonthonax en parlementaires, demandèrent à lui parler en particulier. « Des Anglais, reprit celui-ci, ne peuvent rien » avoir de secret à me dire; qu'ils parlent en public, ou » qu'ils se retirent. — Je viens, dit un des officiers, vous » sommer de la part du roi d'Angleterre de lui rendre » cette ville et les bâtiments qui sont dans le port. — » Monsieur, dit Sonthonax, si nous étions jamais forcés » d'abandonner cette place, vous n'auriez de ces bâti- » ments que la fumée; car les cendres en appartien- » draient à la mer. »

Des cris de Vive la république! accompagnèrent cette réponse.

Le lendemain Ford fit une nouvelle sommation, en menaçant, en cas de refus, de bombarder la ville.

« Commencez, lui écrit Sonthonax; nos boulets sont » rouges, et nos canonniers à leurs postes. »

Les Anglais n'osèrent rien tenter, et se retirèrent confus.

Mais de nouveaux troubles vinrent ensanglanter la ville. Et voyez les misères de l'orgueil! les mulâtres avaient pour les nègres libres autant de haine et de mépris que les blancs pour les mulâtres. Le général Montbrun, mulâtre, que Polvérel avait revêtu d'une grande autorité, mécontent des recrues de noirs que faisait Sonthonax, son collègue, avait attaqué avec la légion dite Égalité, un bataillon du 48e régiment, presqu'entièrement composé de nouveaux affranchis. Leurs frères descendirent de la montagne et mirent tout à feu et à sang. .

Peu de temps après, une nouvelle escadre anglaise, composée de quatre vaisseaux de ligne et d'un nombre considérable de bâtiments de toutes grandeurs, vint prendre position dans la rade du Port-au-Prince. Les forces de terre anglaises, commandées par le général White, débarquèrent sur la côte du Lamentin; elles se composaient surtout de Français émigrés de la colonie, et de légions d'autres émigrés, venus d'Angleterre et qui n'avaient pu joindre l'armée de Condé.

Pendant la nuit, la trahison leur livra le fort Bizotton, poste très-important, et le désordre se mit parmi les soldats de la légion française de Montbrun. Les commissaires Polvérel et Sonthonax, voyant l'inutilité de toute résistance, se retirèrent à Jacmel.

Peu de jours après leur retraite, ils reçurent le décret d'accusation rendu contre eux par la Convention, sur les plaintes des colons habitant Paris. Ils se constituèrent prisonniers à bord du bâtiment qui avait apporté le décret d'accusation. Ils laissèrent la souveraineté de la France représentée par les généraux de couleur, Beauvais à Jacmel, Rigaud aux Cayes, et Villatte au Cap Français. Le général Lavaux, blanc, était investi du titre de gouverneur de la colonie par intérim.

Lavaux, jugeant que la position du Cap, chef-lieu du gouvernement, était mauvaise, se retira à Port-de-Paix,

dont il fortifia la place, et où il resista à tous les efforts
des Anglais, qui étaient maîtres du môle Saint-Nicolas, et
des Espagnols qui le pressaient à l'est.

Cependant la prise du Port-au-Prince, par les Anglais,
avait été suivie des plus horribles cruautés. La légion
d'émigrés de Montalembert se signala particulièrement
par une férocité jusqu'alors sans exemple parmi les peuples policés.

Les Anglais, en envahissant Saint-Domingue, étaient
convenus avec les Espagnols de se contenter des provinces du Sud et de l'Ouest; tout le Nord était livré à
l'Espagne. Le succès de leurs projets semblait assuré.
Secondés par les blancs, par leurs troupes européennes,
par les légions d'émigrés, par les Espagnols, qui rava-
geaient le nord, ils devaient accabler Lavaux : mais
celui-ci se maintint avec vigueur, et les généraux mulâtres Rigaud, Pétion et Beauvais, reprenant l'offensive,
réoccupèrent Léogane, se rendirent maîtres du Cap Ti-
buron, et bloquèrent les Anglais, dans la Grande-Anse.

Les Anglais, fidèles à leur constante pratique, tentèrent
de séduire Rigaud, qu'ils redoutaient le plus, en lui offrant
une somme de trois millions : le mulâtre se montra incor-
ruptible. Monsieur Whiteloke fut encore moins heureux
auprès du général Lavaux, qui lui répondit par un cartel
terminé par ces mots : « Votre qualité d'ennemi ne vous
» donnait pas, au nom de votre nation, le droit de me
» faire une insulte personnelle; comme particulier, je
» vous demande satisfaction d'une injure que vous m'a-
» vez faite comme individu. » Monsieur Whiteloke jugea
prudent de faire la sourde oreille.

Quand Lavaux accueillait ainsi les offres anglaises, il
manquait littéralement de tout, et il voyait le moment où

toute résistance serait vaine désormais, lorsqu'un vieux nègre vint changer la face des affaires : c'était le célèbre Toussaint-Louverture.

Un grand homme, oui certainement un grand homme ! était resté pendant quarante-cinq ans caché sous l'écorce d'un esclave. Jusqu'alors Toussaint n'avait eu qu'un rôle très-secondaire; on ne le connaissait guère que comme un homme qui avait autant qu'il lui avait été possible, opposé une digue aux excès des noirs contre leurs anciens maîtres. Lui-même avait été le sauveur et ensuite le très-généreux bienfaiteur du sien. Il avait appris un peu à lire, un peu d'arithmétique, un peu de géométrie même, a-t-on dit; il avait vécu chastement, sobrement; marié à la mère de ses enfants, il chérissait tendrement toute sa famille.

Pendant la première insurrection, il avait servi avec le titre de médecin d'armée, parce qu'il connaissait le nom et l'emploi vulgaire de quelques plantes médicinales. Mais l'amour de la liberté brûlait son âme; l'espoir de voir sa race affranchie occupait toutes ses pensées. Ses frères les noirs ne lui trouvaient pas assez d'exaltation, ni surtout assez de férocité envers les blancs, et cependant sa vue les fascinait, leur inspirait du respect et imposait quelquefois un frein à leurs fureurs. — Lavaux sut apprécier l'ancien esclave et lui offrit le grade de chef de brigade. Toussaint accepta; mais avant d'en revêtir les insignes, il alla se jeter aux pieds des autels, entendit la messe avec ferveur, reçut les sacrements et demanda immédiatement après à marcher contre les Espagnols. Les bandes de noirs ne le surent pas plus tôt fait général sous les ordres de Lavaux, qu'elles accoururent les unes après les autres se ranger sous sa bannière.

Du moment de l'exaltation de Toussaint, les affaires désespérées de Lavaux commencèrent à changer de face :
c'est alors que Toussaint prit le nom de l'Ouverture,
« pour annoncer, disait-il, à la colonie, et surtout aux
» noirs, qu'il allait ouvrir la porte d'un meilleur avenir à
» sa race. »

La paix de Bâle, en écartant les Espagnols de la lutte,
porta un assez rude coup aux Anglais à Saint-Domingue.
Cependant ils faisaient encore, et avec des dépenses immenses, des efforts désespérés pour se maintenir dans
cette colonie, dont ils avaient rêvé avec tant de cupidité
la possession. Une nouvelle escadre, partie de Cork en
Irlande, arriva au Cap Saint-Nicolas au mois de décembre. Elle débarqua trois mille hommes frais, qui assiégè-
rent Léogane, déjà bloquée du côté de la mer par l'amiral Parker : la résistance opiniâtre des Français, nègres et
mulâtres, força l'ennemi à la retraite.

Mais toujours des dissensions intestines dans ce malheureux Saint-Domingue ! Les succès de Toussaint et le
crédit dont il jouissait auprès du général Lavaux, exci-
taient la jalousie des chefs hommes de couleur.

Lavaux était rentré au Cap Français. Le général
Villatte, excité par Rigaud, fit soulever les mulâtres, qui
arrêtèrent le général Lavaux et le jetèrent dans un cachot. Toussaint apprend cette révolte; il accourt avec
ses noirs : il n'ignore pas les motifs de la haine de Rigaud;
à la tête de 10,000 hommes, il délivre Lavaux, et force
Villatte et ses partisans à se réfugier au camp de la Marti-
lière. Lavaux reconnaissant, nomme Toussaint son lieutenant général au gouvernement de Saint-Domingue.

De ce moment, l'ordre régna dans la colonie. Les nègres
étaient glorieux d'y voir un des leurs occuper le second

rang : ils obéissaient à Louverture avec une soumission aveugle et un dévouement sans bornes. Partout à sa voix les cultivateurs rentrèrent sur les habitations de leurs anciens maîtres. Toussaint décida qu'ils devaient travailler comme par le passé; mais qu'étant aujourd'hui et pour jamais affranchis, ils n'avaient plus à redouter l'ignoble châtiment du fouet; qu'ils seraient fusillés comme des hommes libres s'ils refusaient le travail ou rémunérés de leurs labeurs. La confiance renaissait, les blancs n'étaient plus suspects aux noirs.

Sur ces entrefaites, Sonthonax déchargé des accusations portées contre lui, débarqua à Saint-Domingue, accompagné de quatre nouveaux collègues, au nombre desquels se trouvait Raymond, mulâtre de Saint-Domingue.

Émerveillés de l'état dans lequel ils trouvaient la colonie, les commissaires, au nom de la Convention nationale, nommèrent Louverture général de division et mirent Villatte hors la loi.

Rigaud, avec ses mulâtres, furieux de la tournure que prenaient les choses, manifesta une opposition décidée aux ordres de Toussaint, et Sonthonax se trouva ainsi placé entre deux ambitions rivales, qui ne lui laissaient plus qu'une ombre d'autorité. Cependant Rigaud ne pouvait être définitivement vainqueur dans cette lutte; il y apportait du courage militaire, mais l'orgueil de la personnalité, tandis que Louverture était inspiré de plus hautes, de plus nobles pensées. Le triomphe de sa race était son seul but, et ce point de mire exclusif le rendait également capable d'héroïques efforts sur les champs de bataille, et de braver les coups du hasard et de l'adversité.

Cependant, les mulâtres et les nègres, malgré leurs

divisions intestines, se mettaient toujours d'accord pour repousser les Anglais. Tandis que Rigaud les pressait dans le Sud, Toussaint leur enlevait tous les postes de l'ouest. Chaque jour la vérité de ses sentiments lui attirait les bandes de noirs que les Anglais, dans la folle infatuation inspirée par les émigrés français à leur solde, leur avait fait organiser.

Les commissaires de la Convention, comprenant bien la situation des choses et jugeant sainement des sentiments de la race noire, résolurent, pour concourir aux efforts de Toussaint, de lui conférer le titre de général en chef des armées de Saint-Domingue. C'était un nouveau sujet de mécontentement pour les mulâtres, mais c'était assurer définitivement le triomphe de la France sur ses ennemis politiques.

Néanmoins Sonthonax jugea prudemment que désormais son rôle à Saint-Domingue ne serait plus que très-secondaire; pour en sortir avec honneur, il se fit nommer député près la Convention et quitta la colonie.

Toussaint conservait pour le général Lavaux un tendre et reconnaissant attachement; il avait coutume de dire, dans son patois créole : « *Après bon Dieu, c'est Lavaux.* » Mais pour parvenir à la régénération complète qui occupait toutes ses pensées, il voyait bien que toute influence collatérale nuirait à la sienne, et que désormais c'était aux nègres exclusivement qu'il fallait confier le soin de leur liberté. Il se rendit auprès du général blanc, avec un grand apparat de déférence et d'affection, le 20 août 1797, et accompagné de son nombreux état-major, il remontra à Lavaux que le plus signalé service qu'il pût rendre à la France, dans la conjoncture présente, était d'aller le plus tôt possible plaider auprès du Directoire la cause de l'humanité et défendre les intérêts de la colonie, de concert avec le député Sonthonax.

Toussaint les chargea pour le Directoire d'une adroite apologie de tous ses actes, et pour preuve de sa sincérité et de sa soumission aux lois de la métropole, il confia à Lavaux deux de ses enfants qui devaient achever en France leur éducation.

Quoi qu'il en soit de la confiance que cet acte pût inspirer en France, le Directoire fit bientôt partir pour Saint-Domingue le général Hédouville, revêtu du titre de commissaire spécial.

Les succès diplomatiques de Toussaint ne firent qu'ajouter à l'ardeur avec laquelle il combattait l'envahissement de la colonie par les Anglais. Il commença par s'emparer des plaines et des mornes qui avoisinaient les places dont ils restaient en possession.

Des combats continuels qui faisaient perdre à l'ennemi beaucoup de monde, les ravages de l'épidémie, la terreur qu'inspirait Toussaint, resté seul maître à Saint-Domingue, portèrent le découragement parmi les généraux anglais : ils eurent de nouveau recours à la ruse et aux moyens de séduction. Le général en chef des forces britanniques fit offrir au chef africain des richesses immenses, des honneurs, un sort brillant. On a trouvé dans les dépôts de documents à Saint-Domingue, le cahier des propositions secrètes faites à Toussaint ; on lui offrait la royauté d'Haïti, l'alliance de la Grande-Bretagne, à la seule condition de signer sans délai un traité de commerce exclusif avec l'Angleterre, par lequel cette puissance aurait le droit d'exporter les produits coloniaux et de les payer avec ceux de ses manufactures. L'Angleterre s'obligeait, en retour, à maintenir constamment une forte

division de frégates sur les côtes de Saint-Domingue,
pour la protection de Toussaint. M. Maitland connaissait
bien peu l'âme du véritable patriote qu'il tentait de séduire, et le terrain sur lequel il s'aventurait.

Cependant les Anglais attaqués dans le Port-au-Prince
durent capituler. Le général Maitland remit à Toussaint
de riches présents au nom du roi d'Angleterre.

L'entrée de Toussaint au Port-au-Prince rappelle les
solennités des anciens triomphateurs à Rome. Quel eni-
vrement pour la race noire !

Les dames blanches les plus élégantes briguèrent l'honneur d'aller offrir à leur général des couronnes ; ces fiers
créoles qui naguères avaient juré de s'ensevelir sous les
décombres plutôt que de consentir à l'égalité politique,
même avec les mulâtres, se portèrent au-devant du vieux
chef nègre avec la croix, la bannière, les encensoirs, et
le supplièrent de se placer sous un dais porté par les
quatre planteurs les plus considérables de la colonie.

Toussaint répondit qu'il ne connaissait d'autre siége de
triomphe que la selle de son cheval. Son costume était
d'une simplicité sévère et républicaine.

Au môle Saint-Nicolas, les troupes anglaises lui rendirent les plus grands honneurs.

Peu de jours après les Anglais signèrent une convention pour l'évacuation complète de toutes les places qu'ils
occupaient encore à Saint-Domingue, et Monsieur Maitland se rembarqua avec les débris de son armée.

Le 10 octobre 1798 Toussaint Louverture fit chanter
un *Te Deum* dans l'église du Port-au-Prince, il proclama
les succès de la république française en Europe. Après
que l'hymne fut terminée, il monta en chaire et prononça
une amnistie complète en faveur de tous ceux qui avaient

appelé les Anglais ou combattu avec eux. Le commissaire
Hédouville voulut protester contre cette amnistie; Toussaint ne l'écouta pas.

Cependant Hédouville, la rage au cœur, en se rembar-
quant pour la France, avait laissé à Saint-Domingue, une
semence de guerre civile. Il avait écrit à Rigaud, le rival
et l'ennemi de Toussaint : « Je vous dégage de l'obéissance envers le général en chef de l'armée de Saint-Domingue. Vous commanderez en chef toute la partie du
Sud. »

Les entêtés mulâtres, qui avaient vu peut-être avec encore plus d'horreur que les blancs l'affranchissement des
noirs et les triomphes de Toussaint, n'étaient guère disposés à l'obéissance envers lui. Rigaud surtout aspirait à
un pouvoir indépendant. Il résulta de ces mauvaises passions, une guerre civile qui donna l'affreux spectacle de
tout ce que la colère, l'orgueil offensé, l'ardeur de la vengeance peuvent inspirer de plus atroce, de plus barbare.
Toussaint fut vainqueur, et désormais affranchi de toute
entrave, de toute concurrence au pouvoir, il rétablit partout la paix et le travail.

Saint-Domingue reprit une partie de son antique splen-
deur. Les blancs étaient en parfaite sécurité, et même
protégés avec une prédilection marquée de la part du
chef.

Sur ces entrefaites, de nouveaux agents envoyés par
la France débarquèrent au Cap; ils informèrent Toussaint
des changements survenus dans la métropole, et de l'établissement des consuls après le premier brumaire an VIII.
Du reste, ils accablèrent Toussaint d'éloges et lui remirent
le décret qui le confirmait dans ses fonctions de général
en chef à Saint-Domingue.

Toussaint accueillit avec le calme d'une froide indiffé-
rence ces avances du premier Consul : il savait bien qu'on
ne lui accordait que ce qu'on n'était plus maître de lui reprendre : il témoigna même quelque surprise de ce que
le général Bonaparte, personnellement, ne lui eût pas
écrit.

Les nouveaux délégués de la France étaient les généraux Michel et Vincent, et l'ancien député mulâtre Raymond. Homme qui était toujours resté à Saint-Domingue,
à l'état de complète nullité, était nommé gouverneur
civil. Le général Michel ne tarda pas à retourner en
France, blessé de l'accueil que lui avait fait l'Africain. Le
général Vincent alla signifier à Rigaud l'ordre de se soumettre.

Cependant les nouveaux délégués étaient arrivés porteurs d'une proclamation adressée par les consuls de la
république aux habitants de Saint-Domingue, et cette proclamation, préludant à toutes les déceptions qui ont suivi,
avait quelque chose de très-louche; elle déclarait que les
colonies seraient régies par des lois spéciales. Toussaint
y vit une porte ouverte à des atteintes ultérieures à la
liberté des noirs, et la proclamation ne fut pas publiée.

La province du Sud, dévastée par toutes ces sanglantes
collisions, fut remise en culture. Les colons réfugiés soit
aux États-Unis, soit à Cuba ou dans les autres Antilles,
furent invités par Toussaint à venir se remettre en possession de leurs habitations. La liberté des noirs se trouvait
si bien affermie, que les affranchis purent rappeler leurs
anciens maîtres, et leur rendre les biens qu'ils avaient
abandonnés. Les blancs, qui savaient aussi quelque gré
aux noirs d'avoir exterminé la majeure partie des mulâtres, et qui recevaient, d'ailleurs, des marques toutes

particulières de déférence de la part de Toussaint, acceptèrent les bienfaits du vieil esclave.

Cependant Toussaint, en homme habile et prévoyant, ne se dissimulait pas tout ce qu'il y avait encore de précaire dans sa position, et surtout dans celle qui serait faite à sa race quand il viendrait à lui manquer; il sentait le besoin pressant de tout consolider par une constitution sage et libérale. Mais il fallait auparavant que la soumission de toute l'île à sa domination fût complète, et que son trésor fût rempli.

Malgré les stipulations du traité de Bâle, toute la partie orientale restait encore au pouvoir des Espagnols. Toussaint se mit en mesure de faire exécuter le traité de 1795. Pressé par lui, le gouverneur civil Romme envoya le général Agé à Saint-Domingue pour exiger la remise de la partie ci-devant espagnole.

Le général Agé fut assez mal reçu du commandant espagnol. Toussaint, enflammé de rage à cette nouvelle, écrivit à don Joachim Garcia, le gouverneur espagnol, pour lui demander raison de l'insulte faite aux couleurs de la France, et fit appuyer sa réclamation par l'entrée sur le territoire espagnol d'une armée de 10,000 hommes de ses troupes d'élite. Don Joachim ne tenta aucune résistance, et le 16 janvier 1801, le drapeau national flottait sur toutes les forteresses de l'île entière de Saint-Domingue.

Rien ne pouvait plus ajouter à la gloire de Toussaint-Louverture : il avait chassé les Anglais, soumis les Espagnols, dompté l'orgueil injuste et insensé des mulâtres; il se crut désormais assez fort pour proclamer une constitution.

Pour lui donner plus d'autorité aux yeux des peuples civilisés, en législateur habile, et pour lui imprimer le sceau du consentement général, il la soumit d'abord à l'examen et à l'approbation de toutes les classes ; il en référa spécialement à l'opinion des colons blancs, ses anciens antagonistes : il les convoqua en comité spécial, discuta froidement avec eux ; il leur laissa toute liberté d'objections, en accordant à ce comité le titre d'*assemblée centrale à Saint-Domingue*, rendant ainsi hommage à la propriété et aux lumières :

Et il y a encore des gens qui contestent à Toussaint le titre de grand homme !

La constitution fut proclamée le 2 juin 1801 ; elle attribuait à la France le droit de suzeraineté, mais réservait à Louverture les fonctions de gouverneur et président à vie, avec le droit de désigner son successeur, et de nommer à tous les emplois.

Le général Vincent fut chargé d'aller présenter cette constitution aux consuls de la République française.

A cette époque, la vie du vieil esclave de l'habitation Breda, était celle d'un puissant monarque constitutionnel ; et non-seulement il figurait dignement dans son palais, mais avec aisance, joignant à une haute intelligence, des manières affables et bienveillantes.

Il avait divisé ses audiences en grand et petit cercle. Au grand cercle, lorsqu'il se présentait, toutes les personnes réunies dans la salle se levaient sans distinction de sexe. Entouré d'un brillant état-major, personnellement il se faisait remarquer par l'extrême simplicité de son costume ; pour la tenue et les manières, il exhortait continuellement ses noirs à se modeler sur les blancs.

Les petits cercles étaient des audiences publiques, qui avaient lieu tous les soirs ; il y portait le costume bourgeois des anciens propriétaires sur leurs plantations.

Après avoir fait le tour de la salle, et adressé un mot à chacun, avec un regard bienveillant, il introduisait dans une pièce voisine les personnes avec lesquelles il voulait passer la soirée. L'entretien prenait alors quelquefois un caractère très-sérieux, et roulait sur les matières administratives, la religion, l'agriculture, le commerce. Quand le moment était venu où il désirait qu'on se retirât, il se levait et après avoir fait une profonde révérence, il accompagnait jusqu'à la porte et assignait les rendez-vous aux personnes qui demandaient à l'entretenir en particulier. Puis il restait enfermé avec ses secrétaires et travaillait ordinairement jusqu'assez avant dans la nuit, ne consacrant jamais plus de deux heures au sommeil; car il était parvenu à dompter les besoins de son corps comme à dissimuler les émotions de son âme. Sa sobriété était excessive, et il faisait avec orgueil parade d'une excessive réserve dans ses mœurs, renvoyant avec humeur et sévérité les femmes qui se présentaient au palais trop décoltées. C'est au surplus auprès des blanches qu'il se montrait le plus empressé et le plus respectueux : il les qualifiait toujours de *madame*, réservant le nom de citoyenne pour les noires et femmes de couleur.

Les noirs le considéraient comme un être supérieur et extraordinaire; ses soldats le révéraient comme leur bon génie, et les cultivateurs se prosternaient devant lui comme la divinité de leur race; ses officiers et ses généraux tremblaient au moindre de ses regards improbateurs.

Quels qu'aient pu être ses sentiments intimes à l'égard des blancs, il sentait tout le besoin qu'il en avait pour former l'éducation de son peuple nouveau. Jamais à l'égard de la race blanche, il n'a manifesté un seul mouvement

de colère ou de rancune, excepté contre ceux qui en
France s'étaient faits les apôtres de l'esclavage. Le seul
nom de ceux-ci lui occasionnait des crispations nerveuses,
et il avait même défendu qu'on le prononçât jamais en
sa présence.

Toussaint attendait cependant avec anxiété que le premier Consul approuvât sa conduite, et certainement si la
sagesse avait présidé aux déterminations de Bonaparte,
il aurait trouvé dans le héros de Saint-Domingue un fidèle
auxiliaire.

La paix d'Amiens venait d'être signée, et le premier
Consul ne perdit pas un instant pour mettre à exécution
son projet d'asservissement de Saint-Domingue. Une armée magnifique composée des vétérans de la république,
fut confiée au général Leclerc, beau-frère du consul, et
une flotte considérable placée sous le commandement de
l'amiral Villaret-Joyeuse. Les chefs de l'expédition, endoc-
trinés par les incorrigibles colons résidant à Paris, s'imaginaient qu'il leur suffirait de se présenter pour commander l'obéissance de Toussaint, et pour rendre les fers
d'un dur esclavage à une population de quatre ou cinq
cent mille noirs, aguerris par douze ans de combats sanglants, vainqueurs des meilleures troupes de l'Angleterre
soutenues par la population blanche et les Espagnols !
quel funeste aveuglement !

À la fin de décembre 1801, Toussaint ayant eu connaissance de ce qui se préparait contre lui, prit aussitôt
ses mesures ; il fortifia ses places, concentra ses troupes,
parcourut les côtes et les points les plus importants de
l'intérieur. Il attendait avec une fureur concentrée.

Dans les derniers jours de janvier 1802, les premiers
vaisseaux français parurent. À la vue de ces formidables

préparatifs, Toussaint sentit un moment défaillir son indomptable courage : « Il faut périr, dit-il, la France entière
» vient pour nous écraser : on l'a trompée ; elle veut assou-
» vir des vengeances et nous asservir : il faut mourir! »

Mais cet abattement passa comme une lueur, et l'on
retrouva Toussaint, plus que jamais résolu et dévoué à
la cause qu'il idolâtrait.

Après avoir donné ses instructions au général noir
Henri Christophe, qui commandait au Cap, il regagna
l'intérieur. Il avait sous les armes plus de vingt mille
noirs, et un millier d'hommes de couleur, sur lesquels il
comptait beaucoup moins, ainsi que trois cents blancs sur
lesquels il ne comptait pas du tout : ceux-ci étaient un
reste des troupes d'infanterie de marine envoyées dans la
colonie à diverses époques de la guerre contre les Anglais.

Toussaint partagea son armée en trois divisions ; celle
du nord, forte de 4,800 hommes, était aux ordres de
Christophe, au Cap-Français. Les divisions de l'ouest et du
sud réunies, composées de 11,050 hommes, tenaient
Saint-Marc ; celle de l'est, commandée par le mulâtre
Clairvaux et par Paul Louverture, frère de Toussaint,
s'étendait dans la partie ci-devant espagnole.

L'armée française était aussi formée en trois divisions :
la première, forte de 3,000 hommes, aux ordres du général Rochambeau, avait ordre d'attaquer d'abord à l'est le
Fort-Dauphin.

La seconde, de 3,000 hommes, sous le général Boudet,
fut dirigée sur le Port-au-Prince.

Enfin, la troisième, composée de 4,500 hommes, obéis-
sait au général Hardy et était destinée à l'attaque du Cap.

Mais ce qui rendait surtout la position du chef noir
très-critique, c'était la population blanche des villes,

qu'on devait supposer très-disposée à se joindre aux at-
taquants.

Quand le général Hardy se disposa à faire débarquer
sa division devant le Cap, Christophe lui fit savoir qu'en
l'absence du général en chef de la colonie, il ne pouvait
permettre ce débarquement.

La question soumise au général en chef Leclerc, celui-
ci répondit par une lettre menaçante, à laquelle Christophe n'eut aucun égard.

Les habitants du Cap, justement alarmés, députèrent
auprès de Christophe pour le conjurer de leur épargner
les horreurs d'un siége. Pour toute réponse, il ordonna
que tout ce qui ne serait pas en état de porter les armes
aurait permission d'évacuer la ville. Un cordon de troupes
noires s'avança de rue en rue, de maison en maison, pour
faire exécuter cet ordre, et Christophe attendit l'événement, après avoir distribué à ses soldats des torches in-
cendiaires et des pièces d'artifice.

Un coup de vent força d'abord les vaisseaux français à
gagner le large, ce qui procura un répit de vingt-quatre
heures. Mais quand ces vaisseaux revinrent au mouillage,
à la chute du jour, les canons des forts se firent entendre,
et les noirs se répandant dans la ville, mirent le feu à tous
les coins. Un immense incendie ne tarda pas à éclairer la
rade et à obscurcir le ciel.

Quand Christophe se fut bien assuré que l'incendie
ne pourrait être éteint, il opéra sa retraite hors de la
ville. La population blanche qui en avait été expulsée, et
celle qui était restée, accueillirent les troupes françaises
comme des libérateurs. Mais aucun effort ne fut capable de maîtriser le feu; les dernières maisons s'écrou-
lèrent par l'explosion des dépôts de poudre.

À l'est, Rochambeau avait été plus heureux ; il enleva le fort Dauphin, sans coup férir. Clairvaux aussi à Saint-Iago, et Paul Louverture à Santo-Domingo, dans la partie ci-devant espagnole, livrèrent les places sans tirer un seul coup de canon.

Au Port-au-Prince, le général Agé refusa de remettre la place au général Boudet, mais ne la défendit que très-mollement, et les troupes de celui-ci s'y précipitèrent avec tant d'ardeur et de promptitude, que les noirs en fuyant eurent à peine le temps de mettre le feu à quelques maisons.

Ces premiers revers avaient été bien prévus par Toussaint, et ne le découragèrent pas. Il écrivit à un de ses généraux : « Défiez-vous des blancs; ils vous trahiront » s'ils le peuvent. Tous leurs vœux, n'en doutez pas, sont » acquis au rétablissement de l'esclavage......... Levez en » masse les cultivateurs, et faites-leur bien comprendre » qu'ils n'ont rien à attendre des blancs. » Il ne pouvait, en effet, en être autrement de la conviction de Toussaint, car les chefs de l'expédition française et les colons revenus sur les vaisseaux avec eux avaient fait répandre partout des proclamations qui promettaient le rétablissement de l'esclavage.

Mais les mulâtres, éternellement ennemis des nègres, rejoignaient avec empressement les troupes françaises, et chaque jour l'armée expéditionnaire faisait de nouveaux progrès.

Le général Leclerc imagina de vaincre la résistance du vieil Africain en intéressant ses sentiments paternels. Les deux fils de Toussaint avaient été embarqués sur l'escadre française, accompagnés de leur précepteur Coisnon. Le père, profondément attendri, pleura amèrement sur

la tête de ses enfants, reçut de l'un d'eux une boîte
en or contenant une lettre du premier Consul. Mais après
l'avoir lue avec beaucoup de calme et d'attention, il revint
au rôle qui convenait à sa position, et s'adressant à ses
fils, il leur laissa le choix ou de rester auprès de lui ou
de retourner vers Leclerc. L'aîné, Isaac, après quelque
hésitation, déclara qu'il voulait retourner en France; le
second, Placide, préféra suivre la fortune de son père; et
à l'instant il fut investi, par Toussaint, d'un commandement dans l'armée noire.

La fureur de Leclerc, en apprenant l'insuccès de la
démarche sur laquelle il avait tant compté, fut telle qu'il
mit Toussaint et ses généraux hors la loi. La guerre commença avec fureur.

Cependant, ô comble de lâche perfidie! le beau-frère
du consul ne cessait de faire dire aux noirs qu'on n'avait
jamais songé à les remettre en esclavage. Ces promesses,
jointes aux premiers succès des Français, amenèrent à
Leclerc, chaque jour, une foule de déserteurs. En peu de
jours la division de Christophe ne comptait plus que
300 hommes, et Toussaint lui-même, battu par le général
Rochambeau, n'avait plus d'autre salut qu'une retraite
dans les montagnes.

Sept mille hommes de troupes fraîches étaient arrivés de France pour renforcer l'armée expéditionnaire;
ils avaient été apportés par les escadres des amiraux
Ganteaume et Linois.

Le général noir Maurepas avait défendu en désespéré
le Port-de-Paix et n'y avait laissé que des cendres.

A Saint-Marc, Dessalines imita Maurepas lorsque le général Boudet s'avança contre cette ville. Le chef noir mit
lui-même le feu à sa maison, pleine de matières combusti-

bles, distribua des torches à tous ses officiers, et à la lueur de la conflagration générale, massacra sans pitié, sans distinction d'âge ni de sexe, tous les blancs qu'il put rencontrer. Boudet ne trouva à Saint-Marc, ni une âme vivante, ni une maison debout ; il ne restait que deux à trois cents cadavres de blancs, à demi consommés.

Le tigre se retira sur les hauteurs de la Crête-à-Pierrot, qui commande l'entrée des mornes du *Chaos*. Il n'avait plus avec lui que 1000 à 1200 hommes. Les Anglais avaient bâti là une forteresse, dans laquelle il se retrancha. Cette position était tellement importante, que Leclerc la fit attaquer par son armée presque tout entière.

Les gens du métier, et entr'autres le général Pamphile Lacroix, ont raconté l'admirable défense que le monstre y fit. A cette affaire, le général Boudet reçut une grave blessure, et les Français y éprouvèrent une perte considérable, augmentée chaque jour par les hommes tués dans les sorties désespérées que faisait Dessalines.

Dans nos limites obligées, il nous faut abréger considérablement les détails stratégiques de cette guerre meurtrière. Rappelons seulement un épisode caractéristique du pouvoir magique qu'exerçait Toussaint sur les noirs.

Le général noir Maurepas, après s'être si bien défendu à Port-de-Paix, avait été séduit par les promesses de Leclerc, et avait passé du côté des Français avec sa division forte de 4,000 hommes. Ces troupes avaient été incorporées avec celles commandées par le général Desfourneaux. Celui-ci fut attaqué à Plaisance par Toussaint, et ses nouveaux auxiliaires faisaient merveille. Au plus fort de la mêlée, Toussaint s'avance seul et désarmé ; il leur crie : *Quoi! vous tirez sur Papa, Zautres?* A l'instant les quatre mille noirs, sans en excepter un seul, se jettent à genoux, en implorant son pardon et sa bénédiction. Une nuée de balles est dirigée par les Français sur Toussaint; aucune ne l'atteint.

Christophe, à cette époque, était dans le nord de l'île, où il disputait pied à pied le terrain malgré l'affaiblissement de sa division. Toussaint se mit en route pour la rejoindre, il ramassa sur son passage les cultivateurs, opéra sa réunion avec Christophe, et, suivi, de ces bandes, sans canons et presque sans fusils, vint investir le Cap, où se trouvait le général Leclerc. Ce fut dans le même temps que la pestilente fièvre jaune commença ses ravages dans l'armée française.

Leclerc fit de nouveau des proclamations pour convaincre les noirs qu'il ne voulait que la paix, et nullement les remettre en esclavage. Qui croirait que ces hommes crédules pussent être encore dupes d'un tel piége? eh bien! ils le furent; ils désertèrent en masse l'armée noire pour regagner leurs travaux. Christophe et Toussaint, n'ayant plus de soldats, se séparèrent.

De nouveaux renforts venus de France semblaient devoir ôter tout espoir à Toussaint et à ses généraux. Mais c'était sur le concours des éléments et sur les ravages de la fièvre jaune dans l'armée française, qu'ils comptaient, et ils comptaient juste.

Constamment harcelé par un ennemi insaisissable, Leclerc entama une négociation avec Christophe, dont l'énergie n'était plus soutenue par la présence de Toussaint. On promettait à Christophe, la conservation et la confirmation de son grade dans l'armée française, et une amnistie sans exception pour toutes les troupes qu'il avait commandées. Christophe déposa les armes, et bientôt le féroce Dessalines suivit son exemple. Paul Louverture lui-même déserta son frère, et conduisit dans les rangs français les troupes sous ses ordres.

Toussaint restait seul. C'était le roc contre lequel viennent se briser, sans effet, les vagues en furie. Avec un chef aussi actif, aussi dévoué à la cause de la liberté, aussi influent sur la population noire, la guerre pouvait être interminable. Le 1er mars 1802 Leclerc lui écrivit qu'il comptait assez sur son attachement à la colonie, pour espérer qu'il voudrait bien l'aider de ses conseils.

Toussaint répondit qu'il voulait bien consentir à traiter sous deux conditions : 1° « Liberté inviolable de ses » concitoyens; 2° maintien dans leurs fonctions de tous » les officiers civils et militaires nommés pendant son ad- » ministration. »

Il eut, en outre, la liberté de se retirer sur une de ses plantations, avec tout son ci-devant état-major.

Toussaint se rendit le 5 mai au Cap auprès du général Leclerc. Au moment où il venait de signer la paix, son frère Paul s'avança vers lui pour l'embrasser : « Arrêtez, » lui dit-il, je ne puis recevoir les témoignages d'une » amitié vulgaire. Je n'aurais dû apprendre votre sou- » mission qu'après l'entrevue que je viens d'avoir avec le » général français, vous deviez régler toute votre conduite » sur mes démarches, comme nous calculons les heures » sur le cours du soleil. » C'est Napoléon exigeant la soumission de ses frères! mais il faut l'avouer, tout l'avantage est du côté de l'africain. Ce n'était pas l'asservissement des peuples que Toussaint commandait à sa famille; c'était la liberté de la race noire.

Retiré aux Gonaïves, dans une habitation à laquelle il

avait donné le nom de Louverture, il vivait entouré du
respect des noirs, et même de la considération des blancs,
lorsqu'un mois après sa retraite on saisit une lettre écrite
par lui à un de ses anciens aides de camp, dans laquelle il
s'informait si la fièvre jaune faisait de grands progrès dans
l'armée française; ce prétexte suffit. On lui tendit un
odieux guet apens. Le général Brunet, avec un nombreux
état-major, se rendit à son habitation sous prétexte de le
consulter, et au moment où Toussaint les accueillait avec
confiance, à un signal donné, tous les officiers se précipitèrent sur lui et le garrottèrent. Il ne prononça pas une
parole.

Embarqué aussitôt sur un navire d'avance équipé, il sut
que sa femme et ses enfants seraient emmenés captifs
comme lui, et pendant tout le voyage il demanda vainement qu'on lui permît de les embrasser. Ce ne fut qu'à
Brest qu'il put leur dire un dernier adieu.

Il fut conduit au fort de Joux, et peu après transféré à
Besançon; jeté dans un cachot humide et sombre: là, ce
vieillard mourut lentement de froid; il expira en avril 1803.

En écrivant ceci, on rougit presque d'être Français.

Le salut de l'État est la loi suprême: si la présence de
Toussaint, à St-Domingue, compromettait l'armée française, on conçoit qu'il fallait se résoudre à l'en éloigner.
Mais le faire périr dans un cul-de-basse-fosse! lui, qui
avait été la providence des blancs, qui les avait soustraits
aux cruautés des cannibales, qui les avait comblés de
bienfaits. O mânes du grand Napoléon! quelle tache à
une glorieuse vie! Quel crime de lèse-humanité, et en
même temps de lèse-politique! ici reçoit son application
la subtile distinction de M. de..... : « C'est plus qu'un
» crime, c'est une faute. »

Toussaint était resté inconnu jusqu'à un âge déjà avancé, esclave sur une des habitations de M. de Noé, gérée par un sieur Baillou de Libertas. Lors du premier soulèvement des noirs en 1791, il refusa d'abord d'y prendre part, enchaîné qu'il était par la reconnaissance dont il était pénétré envers M. Baillou, qui l'avait traité avec humanité. Il disposa même tout, au péril de sa propre vie, pour mettre son ancien maître en sûreté, et il l'a constamment comblé de bienfaits aux États-Unis, où le colon était parvenu à se réfugier.

Mais aussitôt le devoir de la reconnaissance satisfait, il se dévoua à la cause de sa caste. Ses vertus, dans l'accomplissement de cette noble tâche, brillèrent du plus vif éclat. Il était surtout d'une intégrité digne des héros de Plutarque. Les officiers anglais qui ont combattu contre lui, les créoles blancs eux-mêmes, avouent que jamais Toussaint, aux moments les plus critiques, ne manqua à sa parole. On y avait une si grande confiance, qu'un grand nombre de planteurs et de négociants qui s'étaient réfugiés aux États-Unis, n'hésitèrent pas à répondre à son appel bienveillant et revinrent se ranger à Saint-Domingue sous son drapeau : il leur rendit tout, biens et considération.

Toussaint ne fut pas plutôt revêtu du grade de général, que la guerre cessa entre les nègres et leurs anciens maîtres. Depuis cette époque, il se montra constamment dévoué aux intérêts de la France, malgré les nombreux changements que subit le gouvernement de la métropole. Plusieurs fois les commissaires français, envoyés à Saint-Domingue, tentèrent de s'enrichir en proscrivant, comme traîtres et partisans de l'étranger, les anciens colons. Ceux-ci furent constamment protégés par Toussaint.

Par sa prudence consommée, il savait réduire les pro-
consuls à un état de nullité, et tout en leur faisant rendre
de grands honneurs en public, il leur signifiait, dans le
tête-à-tête, qu'il n'autoriserait ni rigueurs ni proscrip-
tions.

Dans plusieurs occasions il donna des preuves d'humanité dont bien peu de rois en Europe seraient capables.
Une fois, quatre Français qui avaient conspiré contre sa
vie, tombèrent en son pouvoir; ils s'attendaient à une
mort cruelle; Toussaint les laissa pendant quelques jours
livrés à leur angoisse. Enfin, le dimanche suivant, il les
fit conduire à l'église, et lorsqu'on en fut à cette partie
du service divin qui a rapport à l'oubli des injures, il les
fit approcher de l'autel, les exhorta à prier, et ordonna
de les mettre en liberté.

De cette intégrité, de ce respect pour le droit des gens,
dont nous venons de parler, il donna une preuve bien
remarquable au général Maitland. C'était à l'époque où se
négociait l'évacuation de Saint-Domingue par les Anglais.
Toussaint alla d'abord trouver Maitland à son quartier
général, mais comme il restait encore à régler différents
articles, le général anglais lui promit de l'aller, à son tour,
visiter chez lui. En effet, Maitland y vint, accompagné
seulement de ses aides de camp : le commissaire français Romme, instruit de l'entrevue projetée, écrivit à
Toussaint pour lui représenter qu'il ne fallait pas laisser
échapper une si belle occasion d'obtenir de meilleures
conditions, en s'emparant du général ennemi. Arrivé au
quartier général de Toussaint, on dit à l'Anglais qu'il
était pour le moment impossible de lui parler, et l'Anglais fut laissé sans cérémonie pendant quelque temps
livré aux inquiétudes que ce sans-façon lui inspirait.

Enfin parut Toussaint tenant à la main deux lettres ou-
vertes. « Lisez ceci, général, dit-il, en entrant, ensuite
» nous parlerons de la capitulation. La première de ces
» lettres est du commissaire Romme, l'autre est ma ré-
» ponse. Je n'ai pas voulu vous voir avant de l'avoir ter-
» minée : vous êtes en sûreté chez moi, autant que moi-
» même. Ma vie appartient à la république française, mais
» mon honneur n'appartient qu'à moi. »

Délivré des soins de la guerre avec les Anglais en 1798,
notre grand nègre s'appliqua à l'encouragement de tout
ce qui est utile et noble. On peut admirer dans tous ses
décrets cette haute prudence, cet amour de l'ordre, et
même ce sentiment exquis de toutes les convenances
gouvernementales, dont pourrait à juste titre se faire honneur le plus éclairé des monarques européens. Ses premiers regards se tournèrent vers la culture des terres.
Pour suppléer au défaut d'autorité personnelle des anciens propriétaires blancs, il se chargea lui-même de la
police des ateliers, qu'il faisait exercer par une maré-
chaussée continuellement ambulante. Les cultivateurs
noirs et libres étaient rémunérés par un tiers du produit
des récoltes. Des peines sévères furent prononcées contre le vagabondage et l'oisiveté. Le vagabond oisif, disait
Toussaint dans ses proclamations, est déserteur du travail et de la morale, comme le militaire est déserteur de
son régiment : les mêmes peines doivent être appliquées
à l'un comme à l'autre.

L'agriculture fit bientôt tant de progrès sous ce régime, que malgré les ravages d'une guerre de dix années
d'incendie et d'extermination, les récoltes en sucre et
en café atteignirent au maximum des anciens produits.

Le luxe avait fait de grands progrès à Saint-Domingue

pendant cette heureuse période de cinq années. On y
jouissait de tous les plaisirs que peuvent procurer les richesses. Les maisons étaient meublées magnifiquement.
Dans les sociétés la joie était peinte sur toutes les figures;
la gaîté la plus franche présidait aux repas. Il y était permis de parler de tout, excepté des malheurs passés. Là-
dessus Toussaint était inexorable; défense la plus absolue
de rappeler même indirectement les cruautés des blancs
ni celles des noirs ou des mulâtres. Beaucoup d'Américains des États-Unis étaient venus s'établir dans la colonie; plusieurs s'y étaient mariés.

C'est alors que Toussaint résolut de donner une
constitution au peuple haïtien; il fut secondé dans ce travail par plusieurs Européens d'un mérite distingué, dont
les principaux étaient Pascal, de la famille de Blaise
Pascal, l'abbé Molière et un ecclésiastique italien nommé
Marinit. Nos limites ne nous permettent pas de rapporter
cette constitution.

Colons de Saint-Domingue! voilà ce que vous avez
voulu troquer contre le bonheur de fouetter vos anciens
esclaves.

Après la déportation de Toussaint, les colons blancs s'i-
maginèrent follement, selon leur usage, que c'en était
fait de la liberté des noirs. Le général Leclerc lui-même,
confident de la pensée de son beau-frère, n'attendait que
le moment de rétablir l'esclavage.

Cependant les ravages de la fièvre jaune étaient effrayants. Les nègres, exempts du fléau, donnaient des signes non équivoques d'hostilité. Leur désarmement général fut ordonné, et fut bien loin d'avoir le résultat
qu'on s'en était promis. Les bandes de l'ouest et du sud
refusèrent de rendre leurs armes. D'autres bandes gagnè-

rent les mornes, et commencèrent une guerre de partisans. Dans le nord, le chef noir Sylla, le seul qui eût tenté
un soulèvement lors de l'arrestation de Toussaint, vit
bientôt sa petite troupe s'augmenter prodigieusement. Un
autre chef, nommé Sans-Souci, organisait de son côté la
révolte, et l'affaissement de l'armée française, qui d'ailleurs périssait sans combattre, était tel que les survivants
n'avaient plus assez d'énergie pour enterrer les morts.

C'est alors que Leclerc adopta un système de cruautés
combinées avec la fraude et la trahison pour détruire les
noirs sans avoir besoin de les combattre. Le général noir
Maurepas, qui avait fait défection à la cause des noirs,
comme nous l'avons dit ci-devant, était soupçonné de
ne plus jouer de franc jeu : Leclerc lui écrivit qu'il avait
toute son estime et toute sa confiance; il l'invitait à venir conférer avec lui, et voulait lui confier le commandement du Cap.

Maurepas s'embarqua à Port-de-Paix avec sa femme
et ses enfants, sur une frégate, emmenant avec lui quatre
cents soldats noirs. A l'arrivée sur la rade du Cap, on leur
attacha des boulets aux pieds et on les jeta à la mer; on y
jeta également la famille de Maurepas, et lui-même s'y
précipita. Voilà la version la moins affreuse; d'autres
récits accusent des cruautés encore plus atroces. Le ca-
davre de Maurepas, à moitié dévoré par un requin,
échoue sur la plage, où il est reconnu par son beau-frère
Christophe, qui dès lors peut juger du sort réservé à la
race noire. Mais il dissimule encore pour mieux assurer
sa vengeance.

Il est plus facile d'imaginer que de peindre l'effet que
produisit sur la population noire le supplice de Maurepas,
celui de sa famille et de ses quatre cents soldats. Charles

Bélair, neveu de Toussaint, fut un des premiers qui courut aux armes ; il rallia à sa cause toute la population de l'Artibonite et se retira avec elle dans les mornes du *Chaos*.

Leclerc, faisant de la diplomatie atroce, ordonna à Dessalines de marcher contre Bélair, autant pour le compromettre avec sa race, que pour ménager sa troupe malade et débile. Mais il ne connaissait pas l'âme de Dessalines. Ce sanguinaire, mais habile militaire, partait avec l'intention de se joindre aux révoltés s'il les avait trouvés en force ; mais à son arrivée au Chaos, jugeant que la levée de boucliers avait été intempestive, il sacrifia Bélair. Il l'invita à une entrevue, se saisit de lui par trahison, on l'envoya à Leclerc au Cap, chargé de fers.

Une commission, toute composée de noirs et de mulâtres, fut appelée à juger Bélair et sa femme. Ces juges, tout prêts à se rendre aussi coupables que celui qu'ils condamnaient, n'hésitèrent pas à sacrifier un des leurs. Les prisonniers furent condamnés à l'unanimité, et fusillés, l'homme et la femme, sans qu'il s'élevât un seul murmure dans les rangs des exécuteurs noirs.

En même temps Dessalines, à l'Artibonite, massacrait trois cents révoltés noirs, qui avaient suivi l'exemple de Bélair.

Leclerc, effrayé de ses nouveaux alliés les noirs, voulut opérer le désarmement de tous ceux qu'il avait incorporés dans ses troupes européennes. Dans ce dessein, il eut encore recours aux moyens les plus odieux comme les plus mal calculés.

Cependant de nouveaux renforts arrivaient encore de France à l'armée de Leclerc ; c'étaient des victimes ajoutées aux premières victimes de la déloyauté. Les nouvelles troupes arrivées de France apportaient avec elles le décret du 30 floréal (2 mai 1802) qui déclarait l'esclavage maintenu dans les colonies où il n'avait pas encore cessé. Vainement Leclerc, comprenant bien l'effet que ce décret allait produire à Saint-Domingue, essaya de calmer l'effervescence des noirs, en leur disant que le décret ne s'appliquait qu'aux nègres dont l'émancipation n'existait pas : les chefs noirs et mulâtres se tinrent pour avertis, et jugèrent que le moment était venu de lever le masque. Le 11 septembre, Dessalines se jette dans les bois, et appelle les nègres à la révolte. Peu après, Pétion, jusqu'alors très-réservé, se prononce. Le mulâtre Clervaux, le même qui avait présidé la commission militaire où Bélair avait été condamné, déserte le 16 septembre avec sa troupe, et menace le Cap commis la veille à sa garde.

La garnison française, réduite par la fièvre jaune à deux cents soldats et à quelques hommes de la garde nationale, se défendit avec résolution. Mais le génie des infernales cruautés soufflait avec un redoublement de violence : les soldats français, Dieu puissant! faut-il le dire? massacrent à bord des vaisseaux où ils étaient restés en rade, douze cents prisonniers noirs qu'on y amène..... Ces hommes s'étaient rendus à discrétion!!

Clervaux, repoussé du Cap, se retira sur la grande rivière. La nuit suivante Christophe fit avec lui sa jonction.

L'insurrection était générale et les noirs avaient, par acclamation, appelé au commandement général le féroce Dessalines.

Sur trente-quatre mille combattants envoyés à plusieurs reprises par la France, déjà vingt-quatre mille avaient succombé dans les combats et surtout dans les hôpitaux : huit autres mille étaient incapables de tenir un fusil. Il ne restait pas à Leclerc plus de deux mille hommes valides.

Cet auxiliaire puissant des noirs, la fièvre jaune, dont ils ne connaissaient eux-mêmes pas les atteintes, leur assurait la victoire sans coup férir. Leclerc et ses généraux attendaient du refroidissement de la saison la cessation du fléau, quand le général en chef lui-même en fut atteint : il expira dans la nuit du 1er au 2 novembre 1802.

Vers le milieu d'octobre, le fort Dauphin, le Port-de-Paix et plusieurs autres ports très-importants étaient tombés au pouvoir des noirs.

Après la mort de Leclerc, par droit d'ancienneté, le commandement en chef avait été dévolu au général Rochambeau, conformément d'ailleurs au désir exprimé par Leclerc.

Accouru au Cap, Rochambeau, malgré l'activité herculéenne de sa puissante organisation, se trouva dans l'impossibilité de rien entreprendre. Quelques renforts qu'il reçut encore du Havre et de Cherbourg, n'étaient composés que de conscrits levés dans le Piémont, dans les Pays-Bas et autres provinces réunies, où ni le dévouement ni l'*impetus* des Français n'étaient connus.

Les noirs, au contraire, voyaient tous les jours augmenter leurs forces, et chaque jour il y avait pour eux quelque conquête nouvelle ; tandis que les derniers succès de l'armée française étaient bornés à de petits avantages partiels, tels que la victoire dans la plaine de l'Artibonite et la reprise du Fort-Dauphin, par le général Clauzel.

Enfin, il ne resta plus pour dernier refuge à cette puissante armée d'invasion que la ville du Cap ; et là, Dessalines vint les assiéger avec vingt-sept mille hommes sous ses ordres.

Rochambeau, bouillant de rage, résolut de tenter un dernier effort, bien digne de cet intrépide soldat. S'étant placé à la tête de toutes les forces dont il pouvait encore disposer, il commanda l'attaque sur toute la ligne. D'abord les noirs, quoique combattant dix contre un, plièrent. Mais avant la fin de la journée ils étaient revenus à la charge : le nombre l'emporta enfin, et ils restèrent maîtres du champ de bataille.

Dans cette action désespérée, les Français avaient fait 500 prisonniers noirs, qui entrèrent en ville avec eux. Ces malheureux furent inhumainement mis à mort. Les représailles furent affreuses. Dessalines jouissait de l'occasion que l'aveuglement de la colère chez les Français lui offrait de se baigner dans le sang des blancs : pendant la nuit, il fait élever, au front de bandière du camp des assiégeants, une multitude de gibets, et au point du jour Rochambeau peut contempler, suspendus à ces gibets, les corps des officiers français qui étaient tombés au pouvoir des noirs.

La famine vint au Cap ajouter, à toutes les misères des débris de l'expédition française; mais l'intraitable énergie de Rochambeau le soutenait encore et se communiquait à la poignée de braves dont il partageait le sort : il resta dans cette position pendant près d'un an. Mais tous les ouvrages extérieurs étaient occupés par les nègres, qui se préparaient déjà à un assaut général. Dans cette extrémité le général Rochambeau offrit de capituler, le 19 novembre 1803. Il fut stipulé que les Français évacueraient le Cap et les forts qui en dépendaient au bout de dix jours avec toute l'artillerie, les munitions et les magasins dans l'état où ils se trouvaient; qu'ils se retireraient sur leurs vaisseaux avec les honneurs de la guerre, et la ga-

rantie de leurs propriétés particulières ; qu'ils laisseraient
leurs malades et leurs blessés dans les hôpitaux; que les
nègres en prendraient soin jusqu'à leur guérison , et
qu'alors ils seraient embarqués pour la France, dans des
vaisseaux neutres.

Il restait une bien autre difficulté à vaincre pour les
malheureux Français ! l'escadre anglaise était en vue ; le
Commodore mit au départ de Rochambeau des conditions
auxquelles celui-ci ne voulut pas souscrire : il attendit.
Cependant les dix jours accordés par Dessalines étaient
écoulés, et les noirs insistaient sur l'évacuation. On leur
remit la ville et les forts, mais les vaisseaux français sur
lesquels étaient les débris de l'armée ne pouvaient sortir
du port. Dessalines menaçait de les couler à fond, et déjà
il faisait rougir des boulets. Une nouvelle capitulation fut
donc promptement discutée, rédigée et acceptée enfin par
le Commodore anglais. On convint que les Français sor-
tiraient sous leurs couleurs, que leurs vaisseaux tireraient
une seule bordée et amèneraient leur pavillon. Ce ne fut
pas encore sans peine que l'affreux Dessalines fut amené
à donner son consentement à cet arrangement.

Quelques jours après, la flottille française, composée de
trois frégates et de dix-sept petits bâtiments, sortit du
port, tira la bordée convenue et se rendit aux Anglais.
Les prisonniers, au nombre de huit mille, furent envoyés
à la Jamaïque, excepté le général Rochambeau avec ses
principaux officiers, qui furent conduits en Angleterre.

Le général français, Noailles, resté en possession du
môle Saint-Nicolas, ne se crut pas lié par la capitulation
consentie par Rochambeau ; ayant été sommé par le
Commodore anglais de se rendre prisonnier, Noailles lui
répondit qu'il avait encore pour cinq mois de vivres, et

qu'il se défendrait jusqu'à la dernière extrémité. Le Commodore, ayant ses vaisseaux chargés de prisonniers, ne pouvait rester devant la place ; il se borna à faire bloquer le port par une frégate. Quand le Commodore anglais se fut éloigné, Noailles arma six petits bâtiments et s'embarqua avec sa petite garnison, mais il ne put tromper la croisière anglaise, à laquelle un seul des six bâtiments échappa, celui sur lequel était le général, qui put ainsi arriver en France.

Voilà comme a fini cette formidable et ruineuse expédition de Saint-Domingue, l'un des derniers fruits de l'extravagance et de la rage des colons. Le premier consul avait été trompé par eux sur l'état de Saint-Domingue, sur le caractère de la race noire ; sur les moyens qu'elle avait de résister à l'invasion ; sur l'inévitabilité pour les Européens de tomber sous les coups de la fièvre jaune, s'ils échappaient au fer et au feu.

Nos pertes ont été grandes, bien grandes assurément. Mais si nous n'avions perdu que de l'or, on pourrait s'en consoler ; si même nous n'avions perdu que quarante mille de nos frères, s'ils étaient morts avec honneur, de la mort des braves, comme ont péri depuis les soldats d'Austerliz, de Wagram, d'Iéna, ç'aurait été sans doute d'abondantes larmes à verser, mais qui auraient arrosé les lauriers de notre gloire militaire. Mais Saint-Domingue nous a ravi plus que cela ; il a porté atteinte à notre honneur, au caractère de générosité et d'humanité par lequel, dans tous les temps, dans tous les pays, sur toutes les plages, le soldat français s'était fait distinguer.

L'opprobre de cette expédition remonte bien haut. Le premier marqué du honteux stigmate, c'est le chef du gouvernement: il médite l'asservissement de la race noire, et il n'a pas la magnanimité de l'avouer; il promet la liberté, et les fers sont cachés dans les bagages de son armée; il trompe indignement le chef des noirs, dont il pouvait se faire un chaud partisan, un utile auxiliaire, et un lieutenant qui aurait assuré à la France la paisible suzeraineté de Saint-Domingue et tous les avantages de son commerce exclusif, dégagé des charges de l'occupation et de la défense contre les Anglais; non-seulement il le trompe, mais il l'assassine; non-seulement il l'assassine, mais il le fait mourir dans les supplices d'un infect et humide cachot, après s'en être emparé dans un guet apens!

Il semble que la perfidie et la cruauté du maître, comme un miasme empesté, se soit répandue et ait gangréné tous les cœurs. On ne reconnaît plus le soldat français; ces braves d'Arcole et de Rivoli ne font plus la guerre qu'en bourreaux; émules de *Carrier*, ils procèdent de sang-froid à des noyades de nègres; ils appellent comme auxiliaires les dogues dévorateurs des colonies espagnoles; ils infligent des tortures par forme de passe-temps; ils semblent avoir oublié jusqu'à la langue de la France pour se créer un argot de Lucifer qui soit l'expression du meurtre et de la férocité.

On aime à se faire du moins une dernière illusion, si ce n'est toutefois qu'une illusion. On se demande si l'état d'irritation furieuse dans lequel se trouvait l'armée française, ne serait pas dû à une influence climatérique et morbide; si la raison des Français n'était pas égarée? Dans le fait, nous avons personnellement connu des officiers civils et militaires de cette malheureuse expédition, aimables, spirituels et bons; nous en avons vu revenir quelques-uns, tous dans un état de presque imbécillité, les yeux hagards, ne pouvant plus s'exprimer, fuyant la société.

Et que dire du général qui avait succédé à Leclerc dans le commandement en chef, de l'intrépide Rochambeau, que toutes les voix accusent des actes les plus frénétiquement atroces à Saint-Domingue; lui que nous avions vu dans son gouvernement de la Martinique, aussi humain, aussi généreux, aussi bon qu'il était vaillant; lui qui, bravant les clameurs des clubs et de la populace républicaine, au péril de sa vie, avait réussi à soustraire à la mort neuf cents planteurs faits prisonniers par lui, les armes à la main, dans divers combats pendant la guerre civile de 1793? (*Voyez Martinique.*)

Cependant, après le départ de Rochambeau et de ses troupes, il restait encore dans l'île quelques malheureux soldats français qui tenaient garnison dans la partie ci-devant espagnole, à Santo-Domingo. Ils étaient commandés par un brave, le général Ferrand. Ce petit corps de troupes vivait en très-bonne intelligence avec les Espagnols. Dans cette partie l'esclavage n'avait pas été aboli; mais la manière d'être des colons espagnols, vivant avec leurs nègres, non pas comme des maîtres, mais en quelque sorte comme en famille, et presque sur le pied de l'égalité, rendait la position du général Ferrand très-supportable : il y attendait les ordres de la Mère-Patrie et des moyens de transport en France. Dessalines accourut pour l'assiéger, et toutes ses forces vinrent échouer contre l'indomptable courage d'une poignée de Français. Furieux de cette résistance inattendue, le féroce nègre rassembla devant San-Domingo tous ses soldats, et cet immense développement de forces allait peut-être enfin accabler

nos compatriotes, quand il arriva au général Ferrand
quelques bâtiments chargés de troupes françaises. Les
noirs perdirent, dans différentes attaques un nombre immense des leurs ; Dessalines enfin ne dut son salut qu'à une
prompte et humiliante retraite. Mais les Français ne pouvaient rien entreprendre, et désormais ils semblaient abandonnés de la Mère-Patrie, quand en 1809 il leur fallut, pour
surcroît de maux ; se défendre contre les Espagnols insurgés. Après la plus héroïque défense, le brave Ferrand,
battu dans une rencontre meurtrière, ne voulut pas sur-
vivre à sa défaite : il se brûla la cervelle, et le 11 juillet
1809, les Français furent définitivement expulsés de l'*est*
de Saint-Domingue.

Nous en avons fini avec ce funeste pays, de ce jour, il
n'a plus rien été pour nous. Nous ne nous faisons pas
l'historien des divers gouvernements qui s'y sont succédé : l'assassinat de Dessalines, l'empire macaronique
de Christophe, son titre de Henri Ier, roi d'Haïti, ses palais
de Sans-Souci et autres ; sa noblesse dorée ; ses créations
de princes du sang, de duc de marmelade, de comte de
limonade ; l'étiquette de sa cour ; toutes ses singeries cal-
quées sur les aberrations de Napoléon.

D'un autre côté, le gouvernement plus raisonnable du
républicain Pétion, de son successeur Boyer et des successeurs de celui-ci ; les constitutions de Haïti ; sa diplomatie ; tout cela appelle un historien plus capable que
nous, qui ait plus de place pour écrire et surtout moins
de dégoût et d'horreur pour son sujet.

Il faut cependant achever d'esquisser par quelques
traits le tableau des disgrâces apportées à la France par
les colons de Saint-Domingue ; ils ne se tenaient pas encore
tranquilles. A l'avénement de Louis XVIII, ils firent une

razzia sur les Tuileries. A défaut de quarante nouveaux
vaisseaux à leur livrer et de cinquante mille hommes à
faire anéantir à Saint-Domingue, on imagina la voie des
négociations insidieuses et des trahisons.

Le Gouvernement consulaire avait été cruel, il s'était
rendu odieux : celui du roi atteignit seulement au sublime
du ridicule.

Le Cabinet des Tuileries fit d'abord un choix fort judi-
cieux en la personne de ses agents ! ! !

Le premier des trois diplomates qui allaient à la conquête pacifique de Saint-Domingue, était M. Dauxion, dit
de Lavaisse, revêtu du grade, disait-il, de colonel ;

Le second, un monsieur Dravermann. On ne le connaît
que par cette mission.

Le troisième s'appelait Franco-Médina, était-il espagnol ?
ou n'était-ce, comme l'a dit le chef noir, qu'un ancien
haïtien, qu'il a jeté dans les cachots, où il est mort.
On le considéra comme un transfuge : ses deux collègues
ne furent punis que par des huées.

Voici, sans commentaire, les instructions données à ces
envoyés, au nom de Louis XVIII, et contre-signées Malouet. *Il y a de tout dans ce document-là*, même le mot
pour rire. C'est le pati-pata de l'avocat Bellant ; cela nous
délassera.

INSTRUCTIONS *pour* MM. DAUXION-LAVAISSE, DE MÉDINA *et* DRAVERMANN.

« Les intentions paternelles de S. M. étant de rétablir l'ordre et la paix dans toutes les parties de ses États, par les
moyens les plus doux, elle a résolu de ne déployer sa puissance, pour faire rentrer les insurgés de Saint-Domingue

7

dans le devoir, qu'après avoir épuisé toutes les mesures
que lui inspire sa clémence. C'est plein de cette pensée,
que le roi a porté ses regards sur la colonie de Saint-Domingue. En conséquence, quoiqu'il ait donné ordre de
préparer des forces majeures et de les tenir prêtes à agir,
si leur emploi devenait nécessaire, il a autorisé son ministre de la marine et des colonies à envoyer à Saint-Domingue des agents pour prendre une connaissance exacte
des dispositions de ceux qui y exercent actuellement un
pouvoir quelconque, de même que de la situation où s'y
trouvent les choses et les individus de toutes classes.
S. M. est disposée à faire des concessions et des avantages
à tous ceux qui se rangeront promptement à l'*obéissance
qui lui est due,* et qui contribueront au rétablissement de
la paix et de la prospérité de la colonie; c'est d'après le
rapport que lui fera son ministre de la marine, lorsque ce
ministre aura entendu celui des agents ci-dessus désignés,
qu'il déterminera la mesure de ses concessions.

» MM. Dauxion-Lavaisse, de Médina et Dravermann, désignés au roi pour remplir cette mission, se rendront incessamment soit à Porto-Rico, soit à la Jamaïque, par un
des paquebots anglais qui font voile de Falmouth réguliè-
rement deux fois par mois. De celle de ces îles où ils auront débarqué, ils passeront à Saint-Domingue, et ne s'y
montreront d'abord que comme gens qui viennent préparer, pour leur compte ou pour celui de quelque maison
de commerce, des opérations de ce genre. Deux d'entre
eux se mettront, le plus tôt qu'ils pourront, mais avec
beaucoup de circonspection, en rapport avec Pétion et
son second Borgella : le troisième fera de même à l'égard
de Christophe. Ce ne sera qu'après avoir sondé adroitement les dispositions de ces chefs, après avoir pris con-

naissance de leurs moyens intérieurs, de leur plus ou
moins de prépondérance dans l'île, de l'esprit de toutes
les classes subordonnées, qu'ils s'ouvriront davantage à
eux; et ils n'iront jusqu'à leur donner connaissance de
leur lettre de créance, que lorsqu'ils jugeront que le moment en est venu. On ne saurait, à cet égard, leur tracer
une marche précise; on s'en repose donc sur leur prudence.

» Lorsqu'ils en seront venus au point de traiter franche-
ment avec ces chefs, ils discuteront un plan d'organisation
politique qui leur agrée, et qui soit tel que le roi puisse
consentir à l'accorder. Ils recevront de ces chefs l'assu-
rance qu'ils adhéreront à ce plan, et que, protégés par la
puissance royale, ils rangeront à l'obéissance tous leurs
subordonnés. De leur côté, les agents, sans signer aucun
traité formel, chose qui ne serait pas de la dignité du roi,
assureront aux chefs que Sa Majesté est disposée à accorder ce dont on aura été convenu, et qu'elle fera connaître
aussitôt leur retour en France, par une déclaration éma-
née de sa Grâce. Ils pénétreront en outre ces chefs de cette
vérité, que ce que le roi aura une fois déclaré, sera irrévocablement et religieusement observé.

» Si les chefs sont, comme on l'assure, des gens instruits
et éclairés (particulièrement Pétion et Borgella), ils sen-
tiront qu'il ne suffit pas pour eux et les leurs, successivement en descendant, d'obtenir des avantages; mais qu'il
faut aussi les rendre solides; ils reconnaîtront que, pour
être tels, ces avantages ne doivent être exagérés, ni en
mesure pour eux-mêmes, ni en extension à la généralité;
ils verront bien que si la grande masse des noirs n'est
pas remise et tenue dans un état d'esclavage, ou tout au
moins de soumission, semblable à celui où elle était avant

les troubles, il ne peut y avoir ni tranquillité ni prospérité
pour la colonie, ni sûreté pour eux-mêmes ; ils verront
encore, que pour que cette classe nombreuse qui constitue
le peuple dans la colonie, demeure soumise à un régime
exact quoique modéré, il faut que l'intervalle qui la sé-
pare de l'autorité suprême soit rempli par des intermédiaires, et que l'exemple d'une prééminence et d'une
obéissance graduée, lui rende son infériorité moins frap-
pante. D'après ces considérations, il est raisonnable de
supposer que Pétion et Borgella, satisfaits d'obtenir faveur
entière, *pour eux et pour un petit nombre des leurs,*
qui sont les instruments nécessaires, consentiront, sans
difficulté, à ce que leur caste, en acquérant la presque-
totalité des droits politiques, reste pourtant, à quelques
égards, un peu au-dessous de la caste blanche : car, d'une
autre part, l'assimilation totale à eux accordée sera plus
saillante et plus flatteuse ; et de l'autre, leur caste sera
d'autant plus assurée de maintenir la caste noire libre, et
par celle-ci, les noirs non libres à la distance où il lui importe de les maintenir, qu'elle aura elle-même laissé subsister une petite différence entre elle et les blancs. On
insiste beaucoup sur ce point, parce qu'il doit être le
premier pas dans la négociation. Il est bien important de
conserver aux blancs une *prééminence quelconque* sur les
gens de couleur du premier ordre, sauf à admettre absolument et sans restriction aucune Pétion, Borgella et
quelques autres, dès à présent parmi les blancs, et à donner, par la suite, sobrement, de temps à autre, *des lettres
de blancs* à quelques individus que leur couleur *éloignée
du noir,* leur fortune, leur éducation, leurs services auront rendus dignes de cette faveur.

» Si Pétion tombe d'accord de placer l'homme de couleur, jusqu'au mulâtre inclusivement, un peu *au-dessous du blanc*, il devient beaucoup plus facile de restreindre les priviléges de la caste au-dessous de celle-là (composée de nuances entre le mulâtre et le nègre), et ceux des nègres libres, si l'on établit ces trois castes intermédiaires entre le blanc et le nègre esclave. Surtout il est singulièrement recommandé à MM. Dauxion-Lavaisse, de Médina et Dravermann, de se rapprocher, le plus qu'il leur sera possible, de l'ancien *ordre de choses colonial*, et de ne s'en écarter que là où il leur sera démontré impossible de faire autrement ; et toujours, dans leurs conférences avec les chefs sur ces matières, ils doivent partir de ce principe, que le roi ne concède que parce qu'il veut concéder ; et que, loin d'admettre des prétentions exagérées, il n'accordera rien et fera sentir sa puissance dans toute son étendue, si ses faveurs sont repoussées. En effet, qui doute que si le roi de France voulait faire peser toutes ses forces sur une portion de sujets rebelles, qui sont à peine un centième de la population de ses États, qui n'ont en eux, ni chez eux, aucun des grands moyens militaires, moraux ou matériels de l'Europe, et qui seront privés de tout secours extérieur ; qui doute, disons-nous, qu'il ne les réduisît, dût-il *les exterminer?* MM. Dauxion-Lavaisse, de Médina et Dravermann, durant le cours de leur négociation, doivent sans cesse avoir cette considération sous les yeux, la présenter sans affectation, sans menaces, à ces deux chefs, et placer toujours à côté de la bonté du roi, sa puissance. Il n'est, pour ainsi dire, pas douteux que, s'ils font bien usage de ces moyens, ils ne parviennent à prévenir la nécessité d'employer la force ; sans trop accorder, ils y réussiront, surtout s'ils font bien sentir à Pétion et autres, que leur situation actuelle, s'ils

sont abandonnés à eux-mêmes, est extrêmement précaire; que bientôt la caste des mulâtres, infiniment
moins nombreuse que celle des noirs, sera écrasée par
celle-ci; que la colonie sera en proie à des factions dont
les chefs seront successivement abattus par des compé-
titeurs plus heureux pour le moment; qu'une paix durable étant conclue entre la France et toutes les puissances
maritimes, nul pavillon étranger ne pourra aborder dans
les ports de Saint-Domingue, et qu'il suffira au roi de six
vaisseaux pour interdire, aux habitants actuels de cette
île, toute communication avec le dehors; que les habitants cultiveraient vainement les riches productions du
sol, puisqu'ils ne pourraient pas les échanger contre les
objets qui leur manquent; et qu'ils seraient bientôt réduits
à vivre comme des sauvages, privés de tous les avantages
de la civilisation européenne.

« Ces considérations doivent nécessairement frapper Pétion et Borgella; et ils reconnaîtront que si le roi s'abstient
actuellement des moyens de contrainte, c'est parce qu'il
veut le bonheur de ses sujets de toutes les classes, et
parce qu'il ne suppose pas que ses vues bienfaisantes trouveraient des obstacles qu'il faudrait renverser. Convaincue
que les habitants actuels de Saint-Domingue, las des
troubles qui les agitent depuis vingt-cinq ans, s'empresse-
ront de jouir des avantages certains que leur offre son
gouvernement paternel, S. M. suspend toute mesure de
rigueur; elle n'envoie pas la plus petite force dans les
parages de Saint-Domingue; elle s'abstient même d'interdire, pour le moment, le commerce que font les bâtiments
étrangers dans cette colonie : mais, au retour des agents
à qui ces instructions sont données, et d'après leur rapport, S. M. fera partir des forces suffisantes pour proté-

ger, ou, si cela devenait nécessaire, des forces auxquelles
rien, dans l'île, ne saurait résister.

» Une fois d'accord avec Pétion et Borgella, sur ce qui
les concerne eux-mêmes, et sur ce qui regarde la première
classe des gens de couleur, les agents établiront avec eux
la mesure moindre d'avantages à accorder à la seconde
classe, composée de ce qui est *moins blanc que franc mulâtre*, sans être tout à fait nègre, et à la troisième, composée de nègres libres.

» Pour cette fois, pourront être admis (si Pétion et Borgella le jugent eux-mêmes convenable) dans la première
classe, indistinctement tous les mulâtres, anciennement
libres de droit, ou nouvellement libres de fait, soit nés en
légitime mariage, soit bâtards ; mais, à l'avenir, ceux nés
en bâtardise ne participeront pas aux avantages de ladite
classe ou caste. Ils seront restreints à la seule jouissance
des avantages des hommes de couleur libres avant 1789.
Néanmoins, en se mariant dans la première classe, ces bâtards y feront rentrer leurs enfants. Le même principe
devra être appliqué à la deuxième classe. Les mariages
d'un individu de classe supérieure avec un individu de la
classe immédiatement en dessous, pourront élever à la
première des deux les enfants qui en seront issus, soit à
la première, soit à la seconde génération ; mais peut-être
serait-il mieux d'établir que le mariage d'un individu de
la première classe avec un de la troisième, porterait les
enfants dans la classe intermédiaire. Les enfants nés de
mères esclaves (ou censées telles) par le concubinage des
blancs, mulâtres ou autres, suivront invariablement la
condition de la mère, et *appartiendront au maître de celle-
ci*. Sur ce point, la résolution doit être invariable ; néanmoins, lesdits enfants pourront être affranchis, si le père,

qui les avouera, paie au propriétaire une somme de.....
et au fisc une autre somme, et s'il assure la subsistance
de l'enfant. La quotité de ces sommes sera fixée par un
réglement : lesdits affranchis ne jouiront que du privilége
des hommes de couleur libres avant 1789. Leur mariage
dans une des classes ci-dessus désignées fera entrer leurs
enfants dans cette classe.

» Quant à la classe la plus considérable en nombre, celle
des noirs attachés à la culture et aux manufactures de
sucre, d'indigo, etc., il est essentiel qu'elle demeure ou
qu'*elle rentre dans la situation où elle était avant* 1789,
sauf à faire des réglements sur la discipline à observer,
tels que cette discipline soit suffisante au bon ordre et à
une somme de travail raisonnable, mais n'ait rien de trop
sévère. Il faudra, de concert avec Pétion, aviser aux
moyens de faire rentrer sur les habitations le plus grand
nombre de noirs possible, afin de diminuer celui des noirs
libres. Ceux que l'on ne voudrait pas admettre dans cette
dernière classe, et qui pourraient porter dans l'autre un
esprit d'insurrection trop dangereux, devront être trans-
portés à l'île de Rateau, ou ailleurs. Cette mesure doit
entrer dans l'idée de Pétion, s'il veut assurer sa fortune
et les intérêts de sa caste ; et nul ne peut mieux que lui
disposer les choses pour son exécution, lorsque le moment en sera venu.

» Nous avons dit que l'un des trois agents se rendra auprès de Christophe. Après l'avoir sondé, il s'entendra
avec ses deux collègues, pour juger s'il convient de
suivre une négociation avec lui, et pour déterminer
sur quelles bases cette négociation aura lieu ; de concert
avec Pétion et Borgella, ou à leur insu, ainsi que les
agents le trouveront convenable. Sur ce, l'on s'en rap-

porte à leur prudence. Autant qu'on en puisse juger d'ici, il paraît que le point le plus important est de tomber d'accord avec le parti de Pétion, et que, cela fait, il serait facile de réduire celui de Christophe à l'obéissance, sans grande effusion de sang ; mais, comme l'intention du roi est de prévenir autant que possible cette effusion, et de hâter la pacification générale de la colonie, MM. les agents ne négligeront aucun moyen convenable pour faire tomber les armes des mains des adhérents de Christophe, comme de celles des adhérents de Pétion.

» MM. les agents saisiront toutes les occasions sûres pour informer le ministre de S. M. de leur arrivée, du début et des progrès de leur négociation, et de toutes les connaissances certaines qu'ils auront acquises sur l'état des choses dans la colonie. Ils se serviront d'un chiffre pour tout ce dont l'interception pourrait avoir des suites fâcheuses. Dès qu'ils auront conclu un arrangement, ils reviendront par la voie la plus prompte, rendre compte de leur mission. Toutefois, s'ils jugent important que l'un ou même deux demeurent sur les lieux et y attendent l'arrivée de l'armement destiné pour la colonie, ils prendront ce parti ; mais il faudra, dans tous les cas, que l'un des trois au moins vienne porter verbalement les renseignements les plus détaillés.

» On n'a esquissé dans ces instructions un projet d'organisation politique à Saint-Domingue, que pour donner à MM. les agents une idée de ce que le roi pourrait consentir à accorder : un travail définitif sur cette matière ne peut être que le résultat des connaissances que le ministre du roi acquerra par eux. Ils doivent donc apporter le plus grand soin à resserrer les concessions dans les limites raisonnables ; moins ces limites s'écarteront de celles précédemment établies, et mieux ce sera. En résumé, ils ne promettront rien au delà de ce qui va être énoncé, après avoir tout fait pour demeurer en deçà.

1º A Pétion, Borgella et quelques autres (toutefois si la couleur les rapproche de la caste blanche), assimilation entière aux blancs, avantages honorifiques ainsi que de fortune.

2º Au reste de leur caste actuellement existant, la jouissance des droits politiques des blancs, à quelques exceptions près, qui les placent un peu au-dessous des blancs.

3º A tout ce qui est moins rapproché du blanc que le franc mulâtre, ces droits politiques dans une moindre mesure.

4º Aux libres qui sont tout à fait noirs, encore un peu moins d'avantages.

5º Attacher à la glèbe, et rendre à leurs anciens propriétaires, non-seulement tous les noirs qui travaillent actuellement dans les habitations, mais encore le plus possible de ceux qui se sont affranchis de cette condition.

6º Purger l'île de tous les noirs qu'il ne conviendrait pas d'admettre parmi les libres, et qu'il serait dangereux de rejeter parmi ceux attachés aux habitations.

7º Restreindre la création de nouveaux libres, de la manière indiquée plus haut.

Lorsque les agents seront convenus de ces bases avec les chefs, ils ajouteront les conditions suivantes :

1º Il est bien entendu que, pour que l'ordre se rétablisse à Saint-Domingue, les lois de la propriété et tous les principes qui en assurent la garantie doivent être établis et respectés, de telle manière que chaque propriétaire, muni de ses titres d'acquisitions ou d'hérédité, ou de l'acte de notoriété qui la constate légalement, soit remis en possession de ses terres et bâtiments, dans l'état où ils se trouveront, sans égard aux dispositions arbitraires qui pourraient en avoir été faites par ceux, qui, jusqu'à cette époque, avaient exercé quelque pouvoir public.

2° L'admission aux droits politiques de tous les gens de couleur, l'assimilation même des principaux propriétaires de la première classe qui pourrait en être faite aux blancs, laisse toujours à la disposition du roi et de ses représentants, le choix de ceux qui paraîtraient le plus susceptibles d'emplois supérieurs ou même inférieurs dans les places civiles ou militaires, de telle sorte qu'aucun d'eux ne soit reconnu avoir un droit acquis, mais seulement éventuel, de même que les blancs, aux emplois supérieurs et inférieurs. Quant à ceux qui sont actuellement investis des pouvoirs du gouvernement colonial, il est entendu que leur soumission entière à S. M. et le succès de leur influence sur la caste qui leur obéit, leur assureront les grâces du roi; mais sans aucune stipulation qui puisse engager, dans telle ou telle forme, l'autorité souveraine : lesdits chefs devant s'en rapporter entièrement à la volonté et à la bonté du roi.

« Lorsque tous ces points auront été discutés et convenus avec les chefs, il en sera dressé procès-verbal et cet acte sera, après leur soumission écrite, leur garantie effective, en ce qu'il ne sera désormais rien exigé d'eux qui ne soit conforme aux présentes instructions, signées par moi secrétaire d'état, ministre de Sa Majesté.

» Il est bien recommandé à MM. Dauxion-Lavaisse, de Medina et Dravermann, de relire plusieurs fois, durant la traversée, les présentes instructions, pour bien se pénétrer de leur esprit, afin de ne jamais s'en écarter dans le cours de leur négociation. »

Signé MALOUET,
Ministre de la marine et des colonies.

Risum tenealis?

Il faut convenir que Louis XVIII avait un goût bien
décidé pour les chartes octroyées.

Quid dicis de cette ingénieuse échelle de l'état social? N'admirez-vous pas la justice distributive? Comme
c'est bien imaginé, de faire avec des hommes noirs, jau-
nes ou rouges, avec des blafards carteronnés ou des
capres et des *griffes*, à la peau brûlée, des blancs *totaliers*,
comme dirait un bas bleu anglais; puis des moitiés de
blanc, des cinquièmes de blanc, des 3/4, des 7/8 !!

Le résultat de cette belle équipée put enfin convaincre
le roi qu'il n'y aurait rien d'utile à faire pour les colons et
pour le commerce, qu'en jouant cartes sur table. Cette
fois la mission fut honorable et confiée à un homme
d'honneur éprouvé. On offrait au chef haïtien de reconnaître l'indépendance de la ci-devant Saint-Domingue,
en stipulant des avantages commerciaux et une indem-
nité de 150 millions en faveur des anciens colons.

M. le baron de Mackau, actuellement vice-amiral et
ministre de la marine, reçut du roi l'ordre d'aller porter
à Saint-Domingue l'ordonnance qui reconnaissait Haïti
comme État souverain et indépendant.

Le dimanche 3 juillet 1825, les trois bâtiments aux
ordres de M. de Mackau, vinrent mouiller sur la rade de
Port-au-Prince. Voici le discours que prononça M. de
Mackau, en délivrant l'ordonnance.

MONSIEUR LE PRÉSIDENT,

Le roi a su qu'il existait sur une terre éloignée, autre-
fois dépendante de ses États, un chef illustre qui ne se
servit jamais de son influence et de son autorité que
pour soulager le malheur, désarmer la guerre de ri-

gueurs inutiles, et couvrir les Français surtout de sa protection.

Le roi m'a dit : « Allez vers cet homme célèbre ; offrez-
» lui la paix, et pour son pays la prospérité et le bonheur.
» J'ai obéi ; j'ai rencontré le chef que m'avait signalé mon
» roi, et Haïti a pris son rang parmi les nations indépen-
» dantes. »

Quelle est aujourd'hui la situation d'Haïti, et quel avenir lui est-il réservé ?

L'état actuel est tout ce qu'il y a de plus triste. Le
moule de Toussaint Louverture a été brisé sans avoir
fourni une seconde empreinte. Saint-Domingue, en 1789,
comportait 800 sucreries, plus de 3,000 cafeteries, plus de
3,000 indigoteries, 750 cotonneries.

Le mouvement d'affaires était prodigieux : 462 millions d'exportations, et 260 millions d'importations. Sur
cette masse, le gouvernement avait perçu 22 millions
d'impôts. Dans la même année, la colonie avait reçu dans
ses ports, navires français 515 ; étrangers 1063.

Produits : sucre terré, 120 millions de livres ; sucre brut
250 millions de livres ; café, 230 millions de livres ; indigo, un million de livres ; coton, 8 millions de livres ;
cuirs de bœufs, 20,000 ; sans parler des énormes quantités
enlevées en contrebande par les Anglais, Hollandais et
Américains ; plus, des mélasses vendues aux Américains
pour 25 millions de francs, et du bois d'acajou, pour
2 millions.

Si l'on considère qu'à la même époque la totalité du
mouvement commercial du royaume n'excédait pas

1,100,000 livres , un trouvera que Saint-Domingue seul représentait presque les deux tiers du commerce extérieur de la France.

M. Schœlcher, qui est allé visiter Saint-Domingue en observateur, et que ses opinions bien connues ne permettent pas de ranger parmi les ennemis de la liberté des noirs, nous apprend qu'aujourd'hui les Haïtiens, sans en excepter les sénateurs, sont couverts de sales haillons ; que dans toute la colonie il ne se produit pas assez de sucre pour le besoin des malades ; qu'il est apporté d'Europe et se vend chez les apothicaires cinq francs la livre. On ne consomme généralement que de la mauvaise mélasse ! ! etc., etc., etc.

L'AVENIR? Demain nous le dira. Mais c'est le demain de l'histoire.

Si les Haïtiens sont devenus pauvres, ce n'est pas du moins en population. Ils pullulent et ils sont libres. Un peuple nombreux et dont l'indépendance est assurée, peut languir, mais il ne meurt pas. Saint-Domingue redeviendra florissant et opulent. Il ne faut que savoir attendre.

LES ILES DU VENT

FRANÇAISES EN 1789.

———

LA MARTINIQUE, LA GUADELOUPE,

Sainte-Lucie et Tabago.

———

Nous avons pu nous exprimer sur les événements de Saint-Domingue, sans risque de blesser beaucoup de susceptibilités, parce que son changement de domination la range en quelque sorte, pour nous, dans l'histoire ancienne.

Il n'en est pas tout à fait ainsi des colonies dont nous allons nous occuper; en disant la vérité, rien que la vérité, *mais toute la vérité*, c'est bien à contre-cœur que nous affligerons peut-être des personnes qui, malgré les torts qu'on peut leur reprocher, sont, sous d'autres rapports, dignes d'estime et de respect. Mais qu'y pouvons-nous?

Nous avons aussi à raconter les occupations anglaises, et certes, nous aurons peu de chose de bien honorable à en dire. On trouvera peut-être même que, jouissant de la paix avec l'Angleterre, il est au moins superflu de rappeler la pesanteur de son joug. Cette opinion, fort commode pour ceux qui se sont déshonorés, n'influera pas sur notre récit. *Bonis nocet, quisquis pepercerit malis.*

Il est d'ailleurs utile que chacun soit bien convaincu de
cette vérité, c'est que le plus grand des crimes politiques, celui de livrer tout ou partie de son pays à l'ennemi, doit recevoir un juste châtiment, et que ceux qui
ne participent pas à cette trahison, doivent compter sur
leur courage pour la combattre. Toute faiblesse en pa-
reille circonstance est coupable, et c'est justice qu'on en
soit puni.

Sir John Jervis, le *Glorious Jervis*, comme nous l'avons
lu sur la médaille frappée en son honneur, quand il a été
créé lord Saint-Vincent, est justiciable de ses œuvres,
tout comme son acolyte, sir Charles Grey ; il n'a pas plus
de droit à un *bill d'indemnity* pour ses vols, ses rapines,
ses cruautés surtout, que nous n'en admettons pour Nel-
son, encore plus grand homme de guerre que lui, mais
qui, aux yeux de l'humanité et de la raison, restera toujours souillé du plus honteux des crimes qu'on puisse
reprocher à un commandant supérieur, la violation d'une
capitulation qui épargnait la vie d'une foule de malheureux. Le bourreau du vieil amiral Caraccioli, qu'il a fait
pendre à la grande vergue du vaisseau amiral, par forme
de passe-temps offert à une honteuse prostituée, hyène
altérée de sang, aux genoux de laquelle il s'attachait
avec autant de ridicule que d'odieux, ne trouve d'abso-
lution ni à Aboukir, ni à Trafalgar. On est prince du
Nil, on est duc de Bronte, on est l'idole de Caroline de
Naples, mais on n'en reste pas moins l'horreur du
genre humain.

La postérité a commencé pour les grands coupables de
lèse-humanité. L'orgueilleuse devise assumée par Nel-
son, lors de sa promotion à la pairie : *Palmam qui me-
ruit ferat*, n'a pas émoussé le burin de l'histoire ; les

palmes lui restent, mais ce sont des palmes enlacées par les serpents des Euménides..

Il est du devoir de quiconque veut écrire impartialement de se livrer d'abord à un examen de conscience, et je satisfais à cette équitable loi. Suis-je animé par la haine contre l'Angleterre? Loin de là, j'avoue même mon inclination pour le peuple anglais. J'ai tant connu d'Anglais qui ont commandé mon affection! Assurément, si j'avais à personnifier la noblesse des sentiments, la générosité, le dévouement, la grandeur d'âme, je ferais poser pour modèle le *true thorough bred english gentleman*. L'Angleterre est une grande, brave et noble nation, que son intelligence, son admirable patriotisme, la générosité qu'elle a exercée envers les infortunés, les proscrits politiques, recommandent à tout ce qui porte un cœur d'homme, à tous les esprits droits et éclairés. Mais quand son gouvernement, qui est rarement l'expression du sentiment national, autorise les bassesses de quelques enfants indignes d'elle, faut-il acquiescer à ces turpitudes? Non, pas plus qu'à celles qui ont souillé nos glorieuses annales! Et nous aussi, nous avons donné un honteux spectacle d'écumeurs, de corsaires, courbant sous le poids des décorations et des vols: les palmes de la gloire ont parfois traîné dans l'égout fangeux de la rapine, et plus d'un beau laurier a tenu dans les fourgons, compagnie aux calices, aux ciboires, etc.

Les mêmes causes ont agi aux Iles du Vent comme à Saint-Domingue pour y produire la résistance, d'abord plus ou moins dissimulée, aux lois de la métropole; les fureurs des réactions, et, plus tôt ou plus tard, la rébellion ouverte, la trahison, l'appel à l'étranger pour se soustraire à la domination de la France. Nous référons

I.   8

donc en général à ce que nous avons dit plus haut dans
notre article sur Saint-Domingue. L'histoire des troubles
de la Martinique n'est qu'une édition petit format de
l'in-folio Saint-Domingue : l'égalité des droits politiques
entre blancs et hommes de couleur, l'abolition de l'esclavage, *indè mali labes;* et l'on n'aura pas de peine à se
l'imaginer, si l'on observe ce qui se passe encore aujour-
d'hui à la Martinique et à la Guadeloupe, malgré tous les
enseignements d'une expérience chèrement acquise.

Il est cependant des nuances. Quelques circonstances
d'une influence majeure ont d'ailleurs fait varier les
symptômes de la rébellion et modifié la marche des événements. Il convient d'abord de signaler ces circonstances, ce qui rendra plus facile l'intelligence des faits.

La première de ces différences entre Saint-Domingue
et les îles du Vent se rattache à la position des hommes
libres de couleur. A Saint-Domingue, cette classe présentait un grand nombre de riches, propriétaires de
nombreux esclaves, avec lesquels ils partageaient jusqu'à un certain point les misères de l'abjection civile et
politique. Beaucoup de ces sang-mêlés avaient reçu en
Europe une éducation qui nécessairement avait dû, en
les éclairant sur les droits imprescriptibles de l'humanité,
modifier beaucoup les idées de servile assujettissement.
Aux îles du Vent, au contraire, à peine aurait-on pu
compter parmi les hommes de couleur quelques petits
propriétaires d'esclaves, et en général l'ignorance était
profonde.

D'autre part, une circonstance majeure tendait, dans
les colonies du Vent, à poser entre les populations des
villes et celles des campagnes, entre les planteurs et les
négociants, en un mot, une infranchissable barrière de

haines, de jalousies et de méfiances. Les réglements de commerce défendaient à tous vaisseaux, autres que ceux du cabotage, l'abord de la côte, excepté dans les ports désignés par les ordonnances royales. A la Martinique, par exemple, les seules villes de Saint-Pierre et du Fort-Royal étaient l'*emporium* du commerce. De là la nécessité pour les planteurs de toutes les autres paroisses de la colonie, de diriger leurs produits sur ces villes et d'y avoir recours à des commissionnaires pour la vente et les recouvrements; et même à la Martinique, le seul port de Saint-Pierre jouissait de tous ces avantages; car l'insalubrité du Fort-Royal, en opposition avec les agréments et la commodité qu'offrait Saint-Pierre, attirait tout dans cette dernière ville; le bassin du Fort-Royal ne recevait guère que les vaisseaux qui y allaient passer la saison d'*hivernage*, à cause des raz-de-marée de la rade de Saint-Pierre, et après avoir déchargé dans cette ville toutes leurs marchandises.

Cet ordre de choses avait donné naissance à une nombreuse classe de spéculateurs qui, sous le nom de commissionnaires spéciaux, forçaient moralement les planteurs à avoir recours à eux. Assurément ces réglements prohibitifs étaient vexatoires et extrêmement onéreux aux planteurs, autant qu'ils étaient favorables à la ville de Saint-Pierre, où les magasins pour la réception des produits coloniaux avaient atteint à un prix de location vraiment fabuleux.

Les planteurs se plaignaient amèrement; ils accusaient les commissionnaires de rapacité, d'exactions, d'infidélité dans les comptes de ventes et d'achats de marchandises en retour.

Ils rêvèrent un moyen de redressement et de ven-

geance qui ne sourit que trop à tous les débiteurs en général, et surtout aux débiteurs colons, dont ni le fort ni
le faible n'est un désir immodéré de se libérer. On laissa
peu à peu les commissionnaires à découvert de grandes
avances; et comme ce qu'on appelait aux colonies la
saisie réelle, c'est-à-dire l'expropriation des nègres, des
mulets et des instruments aratoires, était prohibée par la
loi, la ville de Saint-Pierre finit par se trouver créancière
des campagnes pour des sommes énormes. Elle fut punie
par où elle avait péché, et pour avoir trop oublié le dictum
latin : *Boni pastoris est tondere pecus, non deglubere.*

Du côté des planteurs, quand le jour des troubles politiques arriva, il est naturel d'imaginer bien des déman-
geaisons vindicatives et des velléités de commode libération. Si, par exemple, ces importuns créanciers pouvaient
être considérés par les Anglais, nouveaux maîtres de la
colonie, comme des êtres dangereux par leur séjour
à Saint-Pierre; si l'on pouvait les en exclure, ce n'était
pas journée tout à fait perdue : et c'est, pour des cas
nombreux, ce qui a effectivement eu lieu. Les très-hono-
rables Jervis et Grey ont accepté la mission de régler et
de solder bien des comptes. (Moyennant bon droit de
commission cependant.)

Puisque nous tenons ces très-illustres et très-honora-
bles, nous pouvons, sans inconvénient, anticiper chro-
nologiquement parlant, et faire connaître quelques-uns
de leurs actes de protection tant vantée et si solennellement promise par leurs proclamations. Nous reviendrons
plus tard sur les événements qui ont procuré le bonheur
de les avoir pour maîtres.

Une foule d'émigrés français était accourus d'Europe,
pour jouir de l'humiliation des patriotes aux colonies;

cela était beaucoup plus facile que d'obéir aux injonctions
du duc de Brunswick et de venir droit à Paris pour n'y
pas laisser *pierre sur pierre;* un grand nombre, d'ailleurs,
étaient enrôlés dans les régiments étrangers pris à leur
solde par les Anglais et qui faisaient partie de l'expédition de Jervis et Grey. Mais les plus enragés encore, les
plus insolents, les plus féroces réacteurs étaient ces colons qui avaient fui devant Rochambeau et qui étaient
allés, avec MM. de Béhague et de Rivière, conduire à l'île
de la Trinité, aux Espagnols alors en guerre avec la
France, le vaisseau La Ferme et la frégate La Calypso.
Ces dignes Français se chargèrent de dresser les listes
de proscription. Les généraux anglais firent embarquer
sur des transports infects et pestiférés, tous ceux qui
leur étaient ainsi désignés. Où nous envoyez-vous, demandaient les victimes? Nous n'en savons encore rien
nous-mêmes; nous prendrons les ordres de Sa Majesté.
Et puis la circulation calculée des menaces les plus terribles : on va les envoyer dans les prisons de Portsmouth.
Bah! vous ne savez pas, c'est à Botany-Bay qu'on doit les
conduire : la République Française n'est pas une puissance reconnue; il n'y a pas d'échange de prisonniers
possible avec elle; tous ses adhérents sont hors la loi et
doivent être traités en forbans.

Quand la terreur fut à son comble; quand chaque personne embarquée se crut condamnée à périr dans la plus
dure des captivités; quand les femmes et les enfants,
qu'on avait séparés des chefs de famille en les plaçant
sur des bâtiments séparés, furent au désespoir, une porte
s'ouvrit : la porte d'argent. Quelques êtres infâmes, dignes agents des Grey, des Jervis, des Gordon, des Dundas;
des êtres en tête desquels on doit signaler un certain

Blondel, négociant du Fort-Royal, allié cependant à tout
ce qu'il y avait de plus considérable et de plus noble race
à la Martinique, se rendirent à bord des transports. Combien donnerez-vous? Si vous offrez assez, on vous débar-
quera, et il vous sera permis de vous embarquer à vos
frais pour les États-Unis ou autres lieux, en vous sou-
mettant toutefois à être pendus, si vous reparaissez sur
aucun point de la domination de Sa Majesté Britannique.
Alors commença ouvertement, *coram populo*, un grand
bazar de libération.

Des individus, très-riches et tenant à la colonie par
leurs propriétés, leurs affaires, avaient été embarqués.
Pour ceux-là on pense bien que le tarif fut plus élevé :
il y avait d'ailleurs des gradations ; tant pour être autori-
risé à rester dans la colonie jusqu'à telle époque fixée
et fatale; tant pour y être souffert indéfiniment.

Il est certaines choses qu'un honnête homme ne peut
raconter qu'avec hésitation, et la rougeur au front, comme
s'il était lui-même coupable des turpitudes qu'il signale.
C'est ce que nous éprouvons dans ce moment. Nous aussi,
nous avons capitulé avec l'honorable Blondel, non pas
pour nous personnellement; comme attaché à l'administration de la marine, nous étions de droit prisonnier de
guerre; mais il s'agissait de libérer un frère aîné, père de
famille. Nous nous trouvions dans le cabinet de sir Charles
Gordon, le digne gouverneur laissé à Sainte-Lucie, où
nous lui remettions la facture des balles de coton, livrées
en échange de la liberté de notre frère détenu sur les
vaisseaux, quand il se présenta, en suppliante, une jeune
femme dont le mari avait aussi été embarqué : « Combien
donnez-vous, Madame? — Tout ce dont je puis disposer au
monde; seize balles de coton. — Ce n'est pas assez, je ne

puis libérer votre mari à ce prix ; sortez. » La malheureuse,
éplorée, éperdue, prenait déjà la rampe pour descendre,
quand Gordon la rappela. Dans les colonies, toutes les
femmes de la classe moyenne se chargent de chaînes d'or,
de pendants d'oreilles. « J'accepte vos seize balles de coton. » Et le colonel sir Charles Gordon, sous l'uniforme de
Sa Majesté Britannique, décoré de plusieurs ordres, ajou-
te : « Votre mari sera débarqué ; mais vous allez me remettre vos boucles d'oreilles et cette chaîne que vous
avez au cou. » On ne me croira pas !!... et je félicite mes
lecteurs de ne pouvoir me croire.

Au surplus, ce filon de la mine, découvert par les généraux anglais, ne tarda pas à s'épuiser ; il fallut avoir
recours à une plus savante exploitation. De ce moment je
n'ai plus à craindre l'incrédulité de mes lecteurs ; ce n'est
plus moi qui vais parler : ce sont des actes authentiques,
recueillis dans les *state papers*, publiés à Londres.

N° 1. PROCLAMATION. « Tous négociants, capitaines
de navires, facteurs et autres, tant français qu'étrangers,
ayant en leur possession des productions coloniales de
quelque espèce et qualité que ce puisse être, sont, par ces
présentes, obligés de remettre demain, entre onze heures
et midi, sans nulle faute, entre les mains de M. Baillie, à
l'hôtel de l'intendance, sous peine d'emprisonnement
des délinquants et de confiscation des marchandises non
déclarées, l'état exact, certifié et détaillé de ces produits
coloniaux ; et les personnes susdites doivent avoir attention, dans ladite spécification, de faire connaître les noms
des propriétaires, les magasins et lieux de dépôt desdites
marchandises, la rue où sont situés les magasins.

» A Saint-Pierre-Martinique, le 19 février 1794.

» Thomas DUNDAS,

(State papers, vol. II, pag. 78.)   » Major-général. »

La confiscation n'est pas encore prononcée, comme on
voit, on laisse même supposer qu'il serait possible d'y
échapper par des déclarations sincères. Il ne s'agit encore
que de s'assurer des quantités et des lieux de dépôt.

No 2. PROCLAMATION. « Sir Charles Grey et sir John
Jervis, commandants en chef des forces de terre et de
mer de S. M. Britannique aux îles du Vent, ayant résolu
que tous les produits et marchandises jusqu'ici déclarés
seront publiquement vendus au profit de ceux qui s'en
sont emparés ; toutes personnes qui ont fait les déclarations sont, par ces présentes, tenues, aussitôt qu'elles en
seront requises par les agents, de leur délivrer les susdites marchandises. Donné sous ma signature et le sceau
de mes armes.

« Ce 10 avril 1794.

» Robert PRESCOTT.

« Par ordre du Gouverneur,

» B. CLIFTON, Secrétaire. »

(State papers, vol. II, p. 90.)

No 3. PROCLAMATION. « Les agents préposés aux
saisies de marchandises, dans la ville de Saint-Pierre,
nous ayant représenté qu'il se trouve des déficits considérables sur les quantités déclarées, il est ordonné par
les présentes aux habitants de ladite ville de Saint-Pierre,
de délivrer aux susdits agents préposés aux saisies, le
dimanche prochain 28 courant, une spécification exacte
des produits de la colonie actuellement existants dans
leurs maisons ; et ce, sous leur responsabilité et aux ris-
ques et périls des déclarants. Une vente générale aura
lieu plus tard, et s'il était découvert qu'aucune partie de

marchandises ait été soustraite à la connaissance des agents, les délinquants encourraient les peines les plus sévères.

» Robert PRESCOTT.

» Par ordre du Gouverneur,
  » B. CLIFTON, *Secrétaire.* »

(State papers, vol. i., pag. 91.)

N° 4. MÉMOIRE *présenté par des Anglais sujets de Sa Majesté Britannique, en faveur des habitants français propriétaires à la Martinique,*
A Sa Seigneurie le duc de Portland, secrétaire d'État au département de l'intérieur.

Représentent humblement, les soussignés, qu'ils sont autorisés par un grand nombre de respectables habitants et propriétaires de l'île de la Martinique, sujets loyaux de S. M. Britannique, à représenter aux ministres de Sa Majesté l'injustice et l'oppression exercées envers lesdits habitants et propriétaires par le général sir Charles Grey, et le vice-amiral sir John Jervis, commandants en chef des forces de S. M. Britannique, employées dans la susdite île.

Les personnes que nous représentons ne sont point des adhérents de la prétendue convention nationale, et ne se sont point opposées à la déclaration d'occupation donnée à bord du vaisseau le Boyne, le 1er janvier 1794; mais au contraire, nous sommes autorisés à établir comme des faits qui reposent sur une notoriété telle qu'elle ne peut laisser aucun doute, ou qu'on peut prouver par des témoignages substantiels et évidents, que lorsque le maire de la ville de Saint-Pierre, dans l'île de la Marti-

nique, a reçu les premières sommations des commandants
en chef pour Sa Majesté, la ville et les forts étaient si absolument à la disposition des nègres et des gens de couleur, que les habitants blancs ne pouvaient manifester leur
désir de se rendre; mais qu'immédiatement après la retraite des gens de couleur et des nègres hors de la ville,
ils se sont soumis paisiblement et tranquillement à
l'autorité de Sa Majesté, et se sont placés sous sa royale
protection.

Nous sommes en outre autorisés à établir que lesdits
habitants et propriétaires avaient compté avec une impli-
cite confiance sur la sécurité qui leur avait été promise
par ladite proclamation des commandants en chef,
stipulant la jouisssance entière et immédiate de leurs
propriétés légitimes, solennellement accordée et garantie.

Nous sommes de plus autorisés à établir, qu'au mépris
de la déclaration susdite, et par une violation flagrante
de la foi britannique, et contrairement à toutes les règles
de la guerre, telles qu'elles sont pratiquées chez les nations civilisées, tous les produits et marchandises existants dans la ville de Saint-Pierre, ainsi que dans les
autres parties de la colonie, ont été peu après saisis par
ordre des commandants en chef, et ce, sans qu'aucune
cour d'amirauté ait été préalablement constituée, et sans
qu'au préalable il y ait eu aucune espèce de jugement;
et que ces marchandises ont été vendues au bénéfice
des saisissants.

Nous appelons sérieusement l'attention des ministres
de Sa Majesté sur les termes de la déclaration du 1er janvier 1794, et nous leur soumettons humblement, que la
promesse solennelle faite dans ladite déclaration a été

directement adressée à de simples individus, et non
point à la force armée qui tenait la colonie sous l'oppression; et que, si la soumission immédiate et volontaire
des habitants de cette île n'est pas considérée comme
leur assurant un titre au bénéfice d'une promesse solennelle, cette déclaration des commandants en chef ne devient plus qu'une cruelle moquerie ; et que, dans le fait,
ce n'a été pour les habitants loyaux et sans défiance,
qu'une injustifiable tromperie.

Nous supplions humblement, que les ministres de Sa
Majesté fassent une immédiate justice et redressement
de ces torts.

Signé Georges WOODFORT THELLUSSON,

Président de la Chambre de Commerce.

(State papers, vol. III, pag. 159.)

N° 5. MÉMOIRE *présenté par le commerce et la ville de
Liverpool,*
*A Sa Seigneurie le duc de Portland, l'un des principaux
secrétaires d'État de Sa Majesté.*

Représentent humblement, les soussignés, qu'ils ont
des propriétés considérables représentées par les dettes
contractées envers eux par les habitants des différentes
îles aux Indes-Occidentales, qui dernièrement apparte-
naient à la couronne de France, et qui dans le cours des
présentes hostilités sont tombées sous la puissance de
Sa Majesté Britannique.

Que ces dettes et ces propriétés datent d'une époque
antérieure au commencement de la guerre, par suite de
transactions commerciales avec lesdites îles; transac-

tions autorisées et sanctionnées, particulièrement par le
traité de commerce avec la France en 1787.

Que la récente saisie et la confiscation générale de
tous les produits coloniaux trouvés dans l'île de la Martinique, et dans celle de la Guadeloupe et dépendances;
ainsi que les lourdes contributions imposées aux infortunés planteurs et négociants de l'île de Sainte-Lucie,
qui s'étaient volontairement soumis à la première sommation des commandants en chef des forces de terre et
de mer de S. M. Britannique, est un sujet de la plus
grande importance pour les soussignés, dont les intérêts
se trouvent, par ces mesures, gravement compromis.

Les soussignés conçoivent que les horreurs de la guerre,
redoutables dans tous les temps, deviennent par de telles sévérités, doublement oppressives et cruelles. Et dans
le fait, les soussignés conçoivent que s'il est politique et
humain pour les ministres de Sa Majesté, d'empêcher la
continuation de procédés aussi violents, et la levée ulté-
rieure de contributions illégales dans ces îles, ce qui ne
peut être douteux, il n'est pas moins urgent d'ordonner
sans délai la restitution de ce *butin honteux*, fait par nos
commandants en chef, et actuellement placé dans les
mains de leurs agents aux Indes-Occidentales et en Europe, etc., etc., etc., etc., etc., etc.

Signé John SHAW,

Maire de la ville de Liverpool;

Et les Négociants et Armateurs de Liverpool :

James Bold, Geor. Dunbar, Will. Ridges, Will. Dobson,
Wm Eward, J. P. Richard, John Houghton, Jos. Ward,
Th. Twemlour, J. Bollon, Ash. Byrom, Wm Leigh,

Benj. Thomas, J. Lighbody, Joh. Thomas, John Con-
way, Henry Brown, Geo. Mercer, Joh. Tornhill, Rich.
Houghton, James Quich, James, Percival, Gleaves, Th.
Frankland, H. Moore, Pearu Ashfeild, Dan. Backhoun,
Wᵐ Harper, W. Neilson, Jos. Birch, Edw. Atherton, Eli-
jah Cobham, Thom. Harrison, Bensontarleton et Backhouse, Joh. Backhouse, Joh. Tarleton, John Hornby,
John Sibbald, James Calcott, W. Miller, Blacke Tharp,
Harding Junior, And. Dodson, Jos. Leay, Th. Rodie, El-
lis Hogson, Will. Begg, Thom. Cartwright, James Mi-
chell.

Et trente-neuf autres Signatures.

(State papers, vol. III. pag. 161.)

En voilà-t-il assez? La couronne de messieurs Grey et
Jervis n'est-elle pas bien tressée?

Au tour du cabinet de S. M. Britannique maintenant.
Voici comme il a été fait droit.

N° 6. COPIE d'une lettre du duc de Portland au Comité
des Planteurs et Négociants des Indes-Occidentales.

White-Hall, 30 avril 1795.

Gentlemen,

En réponse aux mémoires qui m'ont été transmis par
les planteurs et négociants des Indes-Occidentales, au sujet de certaines proclamations publiées pendant le commandement de sir Charles Grey et de sir John Jervis dans
les Indes-Occidentales, permettez-moi de vous informer
qu'aussitôt que les ministres de Sa Majesté ont été instruits de la nature de ces proclamations, ils ont expédié

des ordres à cet égard, en conséquence desquels il n'y a plus été donné de suite; et depuis, nous avons été informés que nos instructions ont été si clairement comprises que l'argent qui avait été payé à titre de contribution a déjà été restitué; en sorte que les proclamations en question ne peuvent plus être considérées, comme elles ne sont en effet considérées, que sous le point de vue d'actes annulés.

Je suis, etc... *Signé* PORTLAND.

(State papers, vol. III, pag. 103.)

Restitué !!!! pas un sou, pas une obole, pas un denier; pas même les boucles d'oreilles et la chaîne de cou de madame Buffanier.

Et il est tellement certain qu'il n'a été fait aucune restitution, que le 4 mai 1795, les mêmes pétitionnaires ont renouvelé leur vive plainte. Voici leur nouvelle pétition.

Nº 7. MÉMOIRE *des Planteurs et Négociants*, *daté de Londres le 4 mai 1795*,
A Sa Seigneurie le duc de Portland, l'un des principaux secrétaires d'État de S. M. Britannique.

Remontrent,

Que les soussignés sont dans la plus grande alarme sur le sort qui menace les colonies anglaises, etc., etc., etc., etc., etc.;

Que les soussignés ne peuvent que renouveler les représentations pressantes qu'ils ont précédemment adressées aux ministres de Sa Majesté sur les conséquences désastreuses qui peuvent résulter des actes *sans exemple*

et de la conduite de sir Ch. Grey et sir John Jervis lors de
la prise des colonies françaises. C'est cette conduite que
les soussignés doivent considérer comme la cause effi-
ciente des progrès faits par l'ennemi tout récemment, soit
en récapturant une partie des colonies, soit en en atta-
quant d'autres. Les soussignés trouvent la confirmation
de leur opinion dans les proclamations des commissaires
français aux îles du Vent, et il y a tout sujet de craindre qu'une réaction des violents procédés des commandants anglais ne vienne aggraver singulièrement la pénible position des sujets de Sa Majesté, etc., etc., etc.,
etc., etc. Les soussignés concluent en demandant que la
conduite des commandants pour S. M. Britannique, qui
se sont arrogé le droit de lever une lourde contribution
sur les îles qui se sont soumises à Sa Majesté, et qui ont
confisqué les propriétés particulières, contrairement aux
promesses de Sa Majesté, soit solennellement et publiquement désavouée.

(State papers, vol. III, pág. 197.)

Nº 8. LETTRE *de Sa Seigneurie le duc de Portland*, en
réponse à la pétition ci-dessus.

Gentlemen,

. . . .

. . . .

Relativement à un désaveu public des proclamations,
je ne peux que référer à ma lettre du 10 avril, et je ne
vois pas que ce désaveu puisse avoir d'autre effet que
de servir de prétexte pour les représailles que vous re-
doutez.

J'ajouterai ensuite, qu'une déclaration générale, de la

nature de celle que vous demandez, impliquant des
questions qui se rattachent au droit des gens, ne peut,
sous aucun rapport, être du ressort des ministres de Sa
Majesté, qui n'agissent point dans les limites d'une capacité judiciaire.

Signé PORTLAND.

(State papers, vol. III, pag. 199.)

Nº 9. Nouvelle insistance des pétitionnaires. Nous
sommes forcé d'omettre cette seconde série de pièces :
nous remarquons seulement cette phrase d'une lettre du duc de Portland : « Je suis sûr que vous ne
» pouvez avoir aucune disposition à continuer des ré-
» clamations qui n'auraient pour résultat que de blesser
» les sentiments d'officiers de mérite, aux grands efforts
» desquels le pays doit ses succès, spécialement dans
» cette partie du monde qui intéresse si vivement les
» planteurs et les négociants des Indes - Occidenta -
» les. »

(State papers, vol. III, pag. 202.)

Nous voudrions bien pouvoir donner au moins, une lé-
gère idée de l'encyclopédique factum publié par MM. Grey
et Jervis en vindication de leur honneur. Mais cela est
impossible : ce gros volume se dérobe à toute espèce d'a-
nalyse, et c'est dommage. Les temps anciens et modernes
y sont passés en revue pour y chercher des exemples de
rapines comparables à celles dont ils étaient convaincus.
Mais se douterait-on du moyen péremptoire par lequel ils
terminent leur très-singulier plaidoyer? Ce moyen victorieux consiste en un *satisfecit* qui leur est signé. . . . . . .

croyez-vous? par ces mêmes émigrés, ces mêmes trans-
fuges, auteurs des listes de proscription qui leur avaient
servi comme de matrices et de parcellaires pour leurs
rôles de contributions voleuses ! ! !

Dans ce curieux factum des commandants en chef de
S. M. Britannique, et que l'on croirait avoir été minuté
par quelque clerc de procureur du Mans ou de Domfront,
l'on peut compter jusqu'à quarante-trois *fins de non-re-
cevoir*, opposées à la réclamation.

Ah! pour justifier leurs actes, Bayard, Duguesclin,
Latrémouille, Turenne, Catinat, n'avaient pas eu, comme
MM. Jervis et Grey, besoin de recourir à un suppôt de
la Basoche !

N° 10. Ne quittons cependant pas ce glorieux factum
sans en traduire un court extrait, *Ad usum Francorum*.

Ces Messieurs s'adressent au duc de Portland, le 7 mars
1795, et disent :

« La crainte exprimée par les pétitionnaires (anglais),
» c'est qu'en cas d'un revers de fortune, le gouvernement
» français viendrait à traiter les sujets de S. M. Britan-
» nique comme ont été traités les sujets de la France.
» A ceci, nous n'avons aucune réponse à faire, sinon sur
» la nature particulière des ordres secrets que nous avions
» reçus, et qui ne laissaient rien à notre discrétion quant
» au traitement à infliger à ce gouvernement ou à ses
» adhérents. En référant à nos instructions secrètes,
» Votre Seigneurie remarquera que ce gouvernement était
» qualifié d'usurpateur, n'ayant aucune autorité légale,
» et ses adhérents de rebelles et de traîtres. Par une lettre
» confidentielle de l'un des fidèles sujets de Sa Majesté,

I.   D

» on nous faisait clairement connaître l'intention du
» gouvernement anglais de faire sortir des îles conquises
» toutes les personnes dont les principes seraient au
» moindre degré suspects; et ce fidèle sujet de S. M. ajou-
» tait : *J'espère que vous avez chassé tous les individus de
» cette espèce.* Certainement nous n'avons fait qu'adhérer
» à cette politique. Cela nous est tellement étranger, et
» nous sommes tellement dégagés de responsabilité, que
» les biens séquestrés des personnes que nous avons ex-
   pulsées, continuent d'être gérés au profit du gouver-
» nement de Sa Majesté : les remontrances des colons
» nous semblent donc avec raison, être dirigées plutôt
» contre les ministres de Sa Majesté que contre nous. »

Il y a du vrai là-dedans.

Français! quand sur vos pas vous rencontrez quelqu'un
de ces vieux, pauvres et nobles débris des guerres de la
République, échappés, qui en perdant une jambe, qui en
perdant un bras, qui en perdant un œil, que vous devez
vous incliner profondément! C'est à ce prix qu'ils ont
fait voir que le gouvernement français, s'il était *usurpateur*, n'était pas du moins facile à enchaîner. Ah! si
vos pères avaient été avares de leur sang, ce n'est pas
seulement des marquis de Carabas que vous auriez vu
dans les Tuileries, mais aussi les caporaux schlagueurs
de Coblentz. Nous en avons eu un échantillon dans les
colonies!

Achevons enfin le récit de cette honorable affaire, en
disant un mot de l'illustre sir Charles Gordon, gouverneur de Sainte-Lucie. Lorsqu'il eut mis à sec toutes les
bourses, vidé tous les magasins des suspects, dont la liste
ne se fermait jamais, il ne se trouva pas encore assez
gorgé : il avisa un riche propriétaire, planteur dans le

quartier du Grand cul-de-sac, un sieur Cools de Godefroy :
il lui fit signifier qu'il eût à verser une somme très-consi-
dérable, sans quoi il serait déporté de la colonie. C'était
chez Monsieur Gordon, une bien malheureuse inspiration.
Le sieur Cools était apparenté aux émigrés les plus considérables ; il était d'ailleurs bien connu comme ayant
aspiré à la prise de possession de la colonie par les Anglais.
Sa cause fut chaudement embrassée par tous les anglo-
philes, qui n'avaient fait que rire et se réjouir des vexations infligées à mille autres de leurs compatriotes. Nous
abrégeons : soit que Gordon eût mécontenté ses complices
dans le partage des dépouilles, ou par tout autre motif ;
soit enfin que ce qui allait se passer ne fût qu'une comédie,
sir Charles Gordon fut déféré à une cour martiale séant à
la Martinique, sous la présidence du gouverneur Prescott.
Une multitude parmi les victimes de Gordon accoururent,
croyant que de sa mise en jugement il résulterait en leur
faveur quelque restitution : on ne leur restitua pas une
obole ; mais le brigand fut condamné et déclaré indigne
de servir Sa Majesté Britannique.

Quelque chose de bien à remarquer, c'est que dans leur
défense, les commandants Jervis et Grey n'ont fait aucune
allusion à la mise en jugement de leur collègue ; c'est
qu'en outre, dans les *state-papers* on n'en trouve aucune
trace. Gordon disparut de la scène, qu'est-il devenu ?
Jamais je n'en ai rien pu savoir.

Nous le demandons à quiconque aura donné quelque
attention à ce qui précède, les Anglais ont-ils droit de se
plaindre de la déclaration de Victor Hugues, qu'ils ont
représentée comme un tissu d'injurieuses calomnies ,
méritant la flétrissure par la main du bourreau ? Ne pen-
sera-t-on pas plutôt, sous quelque jour qu'on envisage

l'auteur de cette déclaration, que l'acte en lui-même n'était que l'effusion de la vérité, et qu'il fallait être doué de bien du courage, dans la situation où se trouvaient alors les Français à la Guadeloupe, en face de toutes les forces de terre et de mer des Anglais aux Indes Occidentales, pour tenir un pareil langage ?

Quoi qu'il en soit, voici cette déclaration :

DÉCLARATION *des Commissaires délégués par la Convention nationale de France aux îles du Vent, à toutes les nations neutres qui font le commerce avec lesdites îles.*

Huit cents républicains et deux frégates françaises ont conquis la Guadeloupe. Huit mille hommes d'élite, six vaisseaux de ligne et douze frégates ont dû se soumettre au courage, à la vertu, et à cet amour de la liberté qui anime le cœur d'un républicain.

Avec des forces si peu considérables mais entièrement dévouées au triomphe de la liberté et de l'égalité, nous avons surmonté tous les obstacles, et nous avons fini par chasser de ce pays fertile et libre maintenant, les restes de cette horde pillarde dont les méfaits signalaient la présence du drapeau britannique. Les vils satellites de George, ces infâmes promoteurs, ces soutiens de toute espèce de vols, honteux de leurs défaites répétées et incapables de résister à un ennemi généreux, essaient de gorger leur insatiable avidité, en dévalisant les bâtiments neutres sous les prétextes les plus frivoles. Ils épuisent toutes les ressources de l'astuce et de la perfidie pour les voler avec impunité, et ils marchent sur les traces de Charles Gordon, gouverneur de Sainte-Lucie. John Vaughan de glorieuse mémoire à Saint-Eustache, et Benjamin Caldvell, prétendent colorer leurs rapines par une insignifiante proclamation. Ils déclarent l'île de la Guadeloupe en état de blocus, comme s'il était possible d'y soumettre une telle étendue de côtes.

Quel moment ils choisissent pour une proclamation aussi extravagante! Nos sloops de guerre et autres vaisseaux armés n'ont-ils pas, dans l'intervalle de quelques mois, pris, coulé ou brûlé 88 de leur vaisseaux? — C'est ce qui peut être facilement vérifié par les jugements prononcés dans les cours d'amirauté de cette île, et par les registres de mer et autres papiers appartenant aux susdites prises. Ne sommes-nous pas prêts à les attaquer dans leurs propres colonies, et là nous les convaincrons de l'impossibilité d'un tel blocus?

Mais il faut qu'ils pillent, qu'ils volent; c'est là le grand principe du service militaire des Anglais. Dans ce gouvernement corrompu il n'y a d'avancement qu'à prix d'argent, et il faut se procurer de l'argent, n'importe par quels moyens; si on ne peut pas en prendre à ses ennemis, il reste la basse ressource de se faire pirates et de rançonner les vaisseaux neutres qui sont hors d'état de se défendre.

D'après cette esquisse des sordides intentions des Anglais, la dignité et l'indépendance des puissances neutres exigent qu'elles se tiennent sur leurs gardes, et qu'elles se prémunissent contre l'odieuse vexation dont ce prétendu blocus menace leur commerce.

En conséquence, nous, de notre côté, déclarons que jamais nous ne dévierons des principes d'équité et de bienveillance qui ont dirigé toutes nos opérations pendant et après la reprise de cette île, et que tous les bâtiments neutres seront ici bien reçus et protégés, autant qu'il sera en notre pouvoir. Nous assurons les neutres que les rodo-montades anglaises ne nous inspirent qu'un souverain mépris, et nous leur garantissons que nos ennemis ne tarderont pas à avoir sujet de se repentir de leur témérité et de leur insolence.

Cette présente déclaration sera officiellement envoyée aux gouvernements respectifs neutres des îles de Saint-Barthélemy, Sainte-Croix et Saint-Thomas ; et en ou-tre, au congrès et aux législatures des différents États de l'Amérique du Nord, par l'intermédiaire du ministre de la République française à Philadelphie.

A Port-de-la-Liberté, le 3e jour du mois de ventôse (le 21 février) l'an III de la République française une et indi-visible.

Signé : Victor HUGUES, GOYRAND, LE BAS.

Voici un autre document qui témoigne de l'indomptable courage des républicains à la Guadeloupe.

Adresse des Commissaires délégués par la Convention na-tionale aux îles du Vent,
A Joseph Herbert, Esqr., président de la colonie anglaise de Montserrat.

Les citoyens Artaud père et fils accompagnent M. Cham-bers, président de votre île, M. Goodall et divers autres prisonniers, que les chances de la guerre avaient fait tomber en notre pouvoir ; nous les renvoyons sur leur parole d'honneur.

Quoique la conduite des commandants anglais de terre et de mer excite toute notre indignation ; quoiqu'ils aient mérité l'exécration de la postérité, la conduite des habi-

tants et du gouverneur de Montserrat est digne de notre
estime : l'humanité avec laquelle ils ont traité des Français nous impose un devoir de réciprocité.

Les vrais Français, les républicains, dont le gouvernement a pour base la vertu, surmontant tous les préjugés, prouveront aux habitants de Montserrat qu'ils sont
des ennemis généreux. Ceux que vous avez accueillis
alors qu'ils étaient chassés de leur pays par les royalistes, auraient bien désiré que la guerre ne fût pas venue
briser les rapports entre les deux colonies. Puisse la paix
nous faire oublier les crimes des insolents conquérants
des possessions françaises ! Mais la postérité pourra-t-elle
jamais oublier la cruauté des généraux anglais, qui ont
expulsé de leur pays des citoyens paisibles des deux sexes ?
Ils ont signé de sang-froid leur arrêt de mort, dans le
cas de retour dans leur pays. Pourra-t-on jamais oublier
qu'après les avoir dépouillés de leurs propriétés ils les
ont livrés aux soldats et aux matelots, qui ont complété
leur ruine, qui leur ont enlevé jusqu'à leurs vêtements ?
Pourrons-nous encore oublier qu'ils ont séparé les femmes de leurs maris, qu'ils ont enlevé les enfants à leurs
pères, pour les transporter à dix-huit cents lieues sur des
prisons flottantes et pestiférées, où à peine on leur donnait une nourriture suffisante au soutien de leur misérable existence ? Enfin pourrons-nous oublier la froide
barbarie avec laquelle ils ont livré à Berville les infortunés qu'ils avaient séduits, n'ignorant pas que nos lois,
comme celles de toutes les nations, les dévouaient inévitablement à la mort ? Non, la nation anglaise, si éclairée,
nous vengera elle-même des atrocités commises dans cet
hémisphère : il y aura nécessairement une enquête sur
ces faits.

C'est alors qu'une tardive mais sévère justice punira des crimes tels qu'il n'en a pas depuis des siècles été expié de semblables à Tyburn. C'est alors que Charles Grey, John Jervis, Thomas Dundas, Charles Graham, Charles Gordon, Thompson, Vaughan, Lindsay, Leigh, Stewart, Irvine, Laforey, Myers et Caldwell recevront la récompense due à leurs forfaits ; c'est encore alors que Baillye, Drummond, Dean, Malcolm, Ross, Campbell, etc., etc., auront le même sort. Nous abrégeons la liste des subalternes. Il y a d'autres noms que nous ne saurions prononcer sans horreur ; ils n'étaient faits que pour conduire des hordes d'assassins et de pillards, plutôt que les troupes d'une nation civilisée et polie. Le succès de leurs opérations a répondu au choix qu'on a fait de tels chefs ! ! !

Quant à nous, nous nous flattons que cette circonstance nous a offert une occasion de prouver aux habitants et au président de Montserrat, comment nous savons distinguer parmi nos ennemis, et comment nous savons concilier l'humanité et la générosité avec l'accomplissement de nos devoirs et l'exécution des volontés d'un gouvernement dont la sagesse ne tardera pas à guérir de leur folie ceux qui veulent s'opposer à son établissement.

Nous sommes avec une haute considération vos obéissants serviteurs.

Victor HUGUES, LE BAS.

A la Basse-Terre, île de la Guadeloupe, le 4 germinal, (24 mars 1796), 4ᵐᵉ année de la République une et indivisible.

Nous n'hésitons pas à le redire encore, et nous sommes d'avance assuré de l'assentiment de tous les Français dignes de ce nom, les actes des commissaires de la Convention nationale que nous venons de relater, étaient non-seulement des actes de courage, dans la position critique où ils se trouvaient, mais la plus rigoureuse justice les autorisait, après la conduite des généraux anglais. La vérité historique nous oblige à rapporter un autre acte, que nous voudrions pouvoir effacer des annales républicaines. Le respect dû à la cendre des morts appelle l'animadversion de tous les gens de bien sur la proclamation qui suit, de Victor Hugues. Les crimes de Thomas Dundas ne devaient pas faire oublier à des Français qu'à Dieu seul est réservé le châtiment des coupables qu'il a rappelés de ce monde.

PROCLAMATION.

Victor Hugues, commissaire délégué de la Convention nationale aux îles du Vent.

Vu les crimes commis par les officiers anglais, tant lors de la capture des colonies françaises que lors de la défense desdites colonies contre les Français ;

Vu que ces actes ont offert le cachet d'une vilainie tellement odieuse qu'elle n'a pas d'exemple dans l'histoire;

Vu que les lois de l'humanité, celles de la guerre et le droit des gens, ont été violés par Charles Grey, général ; John Jervis, amiral; Thomas Dundas, major général et gouverneur de la Guadeloupe; Charles Gordon, officier général ; et autres subalternes qui les ont imités ;

Et vu aussi que les vols, les meurtres, les assassinats et autres crimes par eux commis, doivent être dénoncés à la postérité :

Il a été résolu que le corps de Thomas Dundas, enterré à la Guadeloupe le 3 juin, sera exhumé et donné pour pâture aux oiseaux de proie ; que sur le lieu même il sera élevé, aux frais de la République, un monument, portant d'un côté le présent décret; et sur l'autre l'inscription suivante : « Ce terrain, rendu à la liberté par la bravoure » des républicains, avait été pollué par le corps de Thomas » Dundas, major général et gouverneur de la Guadeloupe » pour Georges III. — Au souvenir de ses crimes, l'indi-» gnation publique l'a fait exhumer; et ce monument a » été érigé pour en perpétuer la mémoire. »

Donné à Port-Liberté, ce 20 frimaire (11 décembre 1794), 3e année de la République une et indivisible.

Signé Victor Hugues.

Viel, *Secrétaire.*

VICTOR HUGUES.
Ange ? ou Démon ?
Homme habile ? ou heureux aventurier ?

Il a humilié, exterminé les Anglais.

Est-ce par d'habiles combinaisons, soutenues par son incontestable audace, par son indomptable énergie ? Ou bien les circonstances dans lesquelles il était placé ont-elles seules fait ses succès ? L'élan de la liberté, chez un peuple arraché au plus dur esclavage, n'aurait-il pas suffi, sous un chef quelconque, pourvu qu'il fût courageux, à vaincre des soldats soumis au régime de la bastonnade, et qui, pour soutenir leurs officiers, demandent à être gorgés de viande et d'eau-de-vie ?

Je n'essaierai pas de résoudre ces questions subsidiaires. J'ai vu l'effet; j'ignore les causes.

Quant à la première question : *Ange* ou *démon*? si l'on
nous connaissait bien, personne ne serait tenté d'imaginer que nous voyons un ange dans celui qui n'a pas su
trouver un moyen pour sauver les émigrés pris les armes
à la main au camp de Berville !

> Exterminez, grand Dieu, sur la terre où nous sommes,
> Quiconque avec plaisir répand le sang des hommes !

Ah ! que n'imitait-il l'exemple donné à la Martinique par
le brave, le généreux Rochambeau ? (*le Rochambeau de
la Martinique.*)

Quand il y a tant de coupables, on ne doit plus voir
que des innocents. C'était un cas exceptionnel ; du moins
il devait être si doux de le considérer comme tel !

C'était donc un démon ?

Comme vous voudrez. Mais cependant ce démon a
arraché à la mort, aux tortures infligées par les Anglais, une multitude de Français ; il n'a rien négligé
pour les sauver tous ; il a fait respecter le nom français partout, sur toutes les mers, depuis la Barboude
jusqu'à Cuba. Il a causé plus de pertes, plus de disgrâces aux Anglais que jamais les plus formidables
armées françaises ne leur en avaient fait éprouver à aucune époque dans les mers des Antilles. Dans l'histoire
de la marine, qui se lie à tous les faits de cette guerre de
Titans noirs, tous sans souliers et presque tous sans
culottes, nous retrouverons Victor Hugues sur la brèche,
toujours indomptable, inspirant la plus salutaire terreur
à l'ennemi.

Nous ajouterons ici cette dernière considération. La
justice la commande. Des centaines de millions ont roulé
dans les coffres de Victor Hugues. D'après l'organisation

de son gouvernement, il pouvait s'en approprier une notable partie, et il est rentré en France avec extrêmement peu de fortune !

Pour terminer, qu'on nous permette une anecdote. Nous avons connu à Paris un ancien commodore anglais qui avait fait partie de la station des Antilles. Il était fort curieux de détails sur l'existence actuelle de Victor Hugues. « Qu'est-il devenu ? — Mort à Cayenne et enterré sous un cocotier de sa plantation. — No possible ! — Very possible, since it is very true. — C'était un homme bien *eccentric* ! mais, god damn ! il était bien brave. Il a fait *monstrueusement* du mal aux Anglais. S'il était né en Angleterre, le Parlement lui aurait voté une grande récompense, et il aurait été enterré à côté de l'immortel Blake. »

La Guadeloupe et Sainte-Lucie étant les seules colonies où, sous la domination française, les noirs aient joui de la liberté proclamée par Victor Hugues et ses collègues, nous croyons que c'est ici le lieu de dire un mot de la question si vitale de l'affranchissement.

Les apôtres de l'esclavage triomphent de son maintien dans les provinces du sud des États-Unis. Voyez, disent-ils, cette République, patrie des Washington, des Franklin, des Jefferson : c'est aussi le pays aux esclaves noirs. *Jonathan* arrivant à Londres, veut vendre son fidèle Vendredi : on lui rit au nez ; furieux il s'écrie : Curieuse liberté que celle dont on jouit en Angleterre, où il n'est seulement pas permis de vendre son esclave ! Qu'est-ce que cela prouve ? c'est que de même qu'à l'Artibonite et au Limbé il y avait des planteurs de cannes à sucre, il y a aussi à Savanha et à Norfolk des planteurs de coton et de tabac. Mais ne calomniez pas l'immense majorité des

citoyens des États-Unis. Dans aucun pays peut-être l'esclavage n'inspire autant d'horreur : ce sont les États-Unis
qui ont pris l'initiative de la suppression du trafic de
chair humaine. Cela est constaté par des actes authentiques; plus loin nous en rapportons les dates et les circonstances.

Malheureusement pour cette puissance, la question
s'est toujours compliquée et se complique encore de la
juste résistance qu'elle oppose au droit de visite de ses
vaisseaux que s'arroge l'Angleterre.

Non, il faut le reconnaître, quoiqu'on en rougisse,
c'est dans cette puissante France aux mœurs polies et
douces, que la plaie de l'esclavage ne peut encore se ci-
catriser : elle a dans cette question, l'honneur d'être soutenue.... par quelle noble puissance? Par le Portugal;
petit État en révolution permanente, où l'édifice social
menace ruine. Là triomphe glorieusement le commerce
des nègres; avec ses distinctions de côte au nord, de
côte au sud de l'équateur, il fait par lui-même une traite
barbare et favorise tous les brigands qui veulent s'y livrer.

Thomas Fowell Buxton, cet avocat éclairé, constant et
zélé de l'affranchissement de la race humaine, déclare
qu'en désespoir de cause il se retire de la lutte; il aver-
tit que ce qui était vrai en 1830, l'est encore aujourd'hui,
et qu'il n'y a eu, en fait, aucun progrès vers la suppression du trafic des noirs; au contraire, ce trafic a rapidement augmenté depuis que l'abolition a été prononcée,
tant pour le nombre des victimes que pour la somme de
leurs souffrances. L'abolition, dit-il, comme un effet de
mirage dans le désert africain, fuit à l'approche du voya-
geur et se dérobe à son étreinte. D'après des témoignages

concluants, ajoute-t-il, il est avéré que de la côte orientale et de la côte occidentale de l'Afrique, il se transporte
maintenant 150,000 noirs annuellement ; que les armes
et autres articles de traite sont encore manufacturés sur
la plus grande échelle en Angleterre ; que la mortalité
est horriblement augmentée par les précautions mêmes
qui deviennent nécessaires pour échapper aux croiseurs,
et qui décuplent les souffrances des victimes; que dans
la construction et l'arrimage, on n'a plus d'autre but
que d'obtenir une marche supérieure; que les bénéfices de
la traite sont aujourd'hui énormes, et ne peuvent être
évalués à moins de 150 p. % à chaque voyage. —
MM. Pitt et Fox, en 1792, n'évaluaient le produit de la
traite, dans les mêmes parages, qu'à 80,000 têtes.

Louis XVIII était de tous les partisans de la traite des
noirs le plus opiniâtre ; il aurait peut-être volontiers
rendu Strasbourg à ses anciens maîtres et le royaume
d'Aquitaine aux successeurs d'Édouard, en échange de
ce droit de traite si précieux à ses yeux. A sa seconde
rentrée en France, il trouva que le plus mauvais tour que
lui eût joué Bonaparte pendant les Cent-Jours, c'était d'a-
voir *ex abrupto* aboli la traite. Il n'était pas possible au roi
de France de redemander à l'Angleterre ce que celle-ci
lui chicanait depuis longtemps. D'après les antécédents
de Napoléon, au surplus, on ne peut guère lui supposer
d'autres vues, dans cet acte soudain et si peu attendu,
que de se concilier l'Angleterre.

Au congrès de Vérone, M. de Châteaubriand combattit
unguibus et rostro pour qu'on fît du moins à son maître
l'aumône de cinq années de la traite des nègres; tant pis
pour M. de Châteaubriand. Il n'y a pas cependant aujour-
d'hui le moindre grimaud anti-abolitioniste qui ne vous

jette au nez cette opinion : Si M. de Châteaubriand voulait obtenir la traite, à plus forte raison, dit-on, il est pour le maintien de l'esclavage des nègres déjà *traités*.

Noblesse oblige. Cette sentence est belle. C'est là la raison et l'honneur de l'aristocratie. Nous rappellerons que ce qui oblige M. de Châteaurenaud *vicomte* oblige encore bien plus étroitement M. FRANÇOIS de Châteaubriand. Quand on peut sans conteste se glorifier d'être le premier des écrivains de son pays, chevalier sans peur et sans reproche, pur, désintéressé, noblement dévoué dans la cause du malheur, fidèle à la royauté qu'on a pour culte; quand, en un mot, on fait justement l'admiration de toute l'Europe, on devrait plus d'égards à la vérité, qui est elle-même encore plus belle que tout ce qu'il y a de beau au monde : il faudrait surtout ne pas calomnier son pays, en déclarant en plein congrès que le peuple français veut l'esclavage des noirs. Où M. le plénipotentiaire voyait-il donc la nation? Est-ce dans les colons de Saint-Domingue? Est-ce dans quelques propriétaires et armateurs de vaisseaux traitant sur la côte de Maniguette? Mais quand les Van-der-den-dur de Saardam et de Batavia vont au Japon chercher du musc et de la porcelaine, ils obéissent sans murmure aux Bonzes, aux Talapouins, et on les fait cracher sur le crucifix. Ah! si le Christianisme, dont M. de Châteaubriand a chanté le génie, inspirait de tels sentiments, il faudrait retourner à Teutatès! Mais non, le Christianisme n'impose pas l'esclavage : c'est lui qui a mis fin à d'affreux sacrifices, c'est lui qui a dit à ses sectateurs : Vous êtes tous frères. L'émancipation n'est pas du goût des Français, dites-vous! Consultez donc toutes les classes. Vous ne trouverez qu'une masse d'indifférents d'un côté,

indifférents à la question, par ignorance, comme ils le sont
aux questions les plus vitales. Mais, de l'autre côté, trou-
verez-vous seulement un homme qui ose se dire partisan
de l'esclavage? Non : dans les châteaux comme dans les
chaumières, vous verriez frémir d'indignation ceux que
vous soupçonneriez de cette barbarie.

Que faut-il donc conclure des efforts de M. de Châteaubriand au congrès de Vérone? C'est qu'entre le *dire* et le
faire, il y a place pour beaucoup de choses; et enfin, c'est
que *totus mundus agit histrionem*.

Les témoignages historiques les plus authentiques
attestent comme faits notoires, que la traite des nègres a
été faite par la nation anglaise pendant plus de deux siècles sous la protection de son gouvernement et la sanction de Chartes concédées pour ce monopole, et l'autorité
de traités publics, non-seulement pour les besoins des
colonies britanniques, mais aussi pour ceux des colonies
françaises et espagnoles. Sous le règne des premiers
Stuarts, de telles chartes ont été accordées à des compagnies qui jouissaient ainsi du privilège exclusif de la
traite humaine. Les opérations de ces compagnies ont été
favorisées par tous les moyens au pouvoir du gouvernement anglais : c'est ce qui résulte de nombreux actes lé-
gislatifs et diplomatiques (voyez notamment le traité
d'Utrecht) qui réservaient ce commerce exclusif à la compagnie anglaise, pour l'exercer en introduisant les nègres
esclaves dans diverses parties des possessions espagnoles
de l'Amérique dans la proportion de 4,800 nègres annuellement, et cependant trente ans. (*El facto de el Asiento
de negros.*)

Les colons, alors anglais, des cinq États du sud de

l'Amérique septentrionale, furent naturellement tentés par l'exemple des planteurs anglais des Antilles, et voulurent substituer au travail libre des blancs, celui des Africains esclaves.

A l'avénement de Charles II, le gouvernement anglais invita formellement, par une proclamation, tous ses sujets à souscrire pour la constitution d'une compagnie spécialement destinée à faire le commerce d'esclaves sur les côtes de Guinée.

Les colonistes, dans les provinces du Nord, dites de la Nouvelle-Angleterre, furent moins prompts que ceux du Sud à adopter cet inhumain et odieux trafic. Dès l'année 1645, on voit la législature de la province de Massachusetts, prohiber le commerce des esclaves ; mais il faut que cet acte prohibitif soit tombé en désuétude, car nous trouvons qu'en 1703, la législature impose des droits, très-élevés, à la vérité, et équivalant à une prohibition absolue, pour l'importation d'esclaves dans la colonie.

Les législatures de Pensylvanie et de New-Jersey ne se montrèrent pas moins opposées à la traite des noirs que celle de Massachusetts. Mais tous les actes honorables de ces législatures, d'abord contre-carrés par l'influence de la compagnie anglaise, furent enfin rejetés par la couronne.

L'indépendance des colonies ne fut pas plutôt proclamée en 1776, que le Congrès américain déclara que la vente des esclaves provenant de la traite, en Afrique, était prohibée. Les pouvoirs constitutionnels du Congrès, à cette époque, ne lui conféraient pas le droit de prohiber l'importation ni le commerce d'esclaves par les Américains dans les colonies des Européens aux Indes-Occidentales. Mais les différentes législatures particulières de la Virginie, de la Pensylvanie et des provinces de la Nouvelle-

Angleterre, prononcèrent cette prohibition sous la sanction de peines très-graves.

Lors de l'établissement de la constitution fédérale actuellement en vigueur, le Congrès fut investi du pouvoir
d'étendre la prohibition de la traite en Afrique à tous les
États de l'union, *immédiatement*, et l'importation des
esclaves dans tous les États de l'union, *après le 1er janvier*
1808. L'abolition de la traite, en ce qui concerne les
citoyens américains, fut donc un acte du congrès, et
devint loi fondamentale de l'État. Les pouvoirs dont était
revêtu le Congrès par la constitution, furent exercés par
lui en vertu d'une loi du 22 mars 1794, qui défendit aux
citoyens des États-Unis de prendre part au commerce
étranger des esclaves, sous peine d'amende et d'emprisonnement.

Or, ce n'est que dans l'année 1807, que par un acte du
parlement britannique la traite des noirs fut abolie, et
qu'il fut défendu d'introduire des noirs esclaves dans les
possessions anglaises après le 1er mars 1808.

Il est donc certain que c'est le gouvernement fédéral
américain qui a interdit la traite treize ans avant les Anglais, et qui, sept ans avant l'Angleterre, l'a déclarée un
crime punissable.

Dès l'année 1792, le gouvernement danois abolit la
traite et l'importation des esclaves dans ses colonies;
cette prohibition devait avoir son effet en 1804.

Le 20 avril 1818, un acte additionnel du Congrès américain ajouta à la pénalité de la loi antérieure, et le
1er mars 1819, un nouvel acte du Congrès prononça la
peine de mort dans le cas de trafic d'esclaves.

Un acte du Congrès, en date du 15 mai 1820, assimila la
traite au crime de piraterie.

Quoique la Grande-Bretagne continuât d'exercer le droit de visite contre les puissances neutres, et d'exclure du commerce d'esclaves les vaisseaux de ses ennemis, on voit que cet infâme trafic, totalement interdit par les lois aux Anglais et aux citoyens des États-Unis, continua de se faire avec un surcroît de barbarie jusqu'à la paix générale de 1814, non-seulement sous les pavillons d'Espagne, de Portugal et de Suède, mais aussi par des sujets anglais qui empruntaient ces pavillons et armaient des vaisseaux pour la traite dans les ports mêmes de Londres et de Liverpool.

L'île de la Guadeloupe, cédée aux Suédois, ne le fut que sous la condition expresse que l'importation des esclaves dans cette île et dans les autres colonies de la même puissance serait désormais interdite.

Par le traité de Kiel, conclu le 14 janvier 1814, le Danemarc, qui déjà avait pris l'initiative de l'abolition de la traite, s'engagea à la défendre à ses sujets sous des peines sévères.

Louis XVIII consentit, sur la demande de l'Angleterre, à interdire l'importation des esclaves dans les possessions françaises par des vaisseaux étrangers, *immédiatement;* mais il insista pour le maintien de la traite et l'importation par navires français pendant cinq ans encore.

Par la convention du 13 août 1815, le gouvernement hollandais obtint la restitution de toutes ses colonies (le Cap et la Guyane exceptés), sous condition de l'entière prohibition de la traite.

Quand on considère l'esclavage aux États-Unis, on est toujours prêt à ne voir dans la population des divers États de l'union, qu'une masse homogène, sans réfléchir que de deux citoyens de cette république, l'un peut appartenir à Boston et l'autre à la Nouvelle-Orléans, ce qui met entre les deux une distance cinq fois plus grande que celle de Paris à Bordeaux.

Ce n'est donc qu'en forçant notre esprit à envisager la distance que nous venons de signaler, et la diversité infinie des circonstances locales, que nous pouvons défendre notre imagination de cette agglomération et d'une uniformité présumée dans la condition et le degré de civilisation dans une nation si éloignée de la nôtre.

De fait, les différents États de l'Amérique varient essentiellement dans tout ce qu'il y a de caractéristique dans la civilisation, l'éducation, la richesse et les mœurs; il y a plus, les différentes parties d'un même État ne sont pas toujours semblables sous aucun de ces rapports. C'est, en effet, ce qu'on peut attendre raisonnablement, et il serait fort extraordinaire qu'il n'en fût pas ainsi. Chez nous , avec un territoire d'ailleurs beaucoup moins étendu , les routes et autres moyens de communication sont incomparablement meilleurs ; ce qui apporte une énorme différence dans la condition des habitants de différents districts dans l'une et l'autre contrée.

Quand nous parlons des États-Unis, nous devons donc nous garder d'assimilations erronées, et nous défendre de tirer des conclusions absolues.

Dans les provinces des États-Unis, exemptes de la plaie de l'esclavage, l'éducation nationale est en progrès, tandis que dans celles où l'humanité gémit encore sous le poids des chaînes, l'éducation est tout à fait arriérée. Dans la plupart des États à esclaves, non-seulement rien n'est alloué pour l'éducation des enfants esclaves, mais la loi elle-même s'oppose à toute amélioration; sous des peines sévères, il est défendu de donner de l'instruction à la population noire et de couleur. La législature de la Louisiane, entre autres, vient de passer à ce sujet deux lois qui pourraient rivaliser de monstrueuse barbarie avec tout ce qu'on a vu de plus atroce dans l'inquisition d'Espagne. Chez un peuple qui a la hardiesse de se qualifier de peuple libre, on trouve les deux dispositions suivantes dans ces lois infernales.

1° Toute personne qui enseignera ou qui permettra qu'on enseigne à lire et à écrire à un esclave, dans cet État, sera emprisonnée pendant un temps qui ne pourra excéder une année ni être au-dessous d'un mois.

K)

2° Quiconque, dans un discours public, soit à la tribune, au barreau, sur le théâtre ou dans la chaire; soit dans un lieu public ou dans une conversation particulière, se servira d'un langage ou se permettra des signes ou des actions *ayant une tendance* à produire du mécontentement chez la population libre *de couleur*, dans cet État ; ou à exciter de l'insubordination parmi les esclaves; ou quiconque sera en connaissance de cause un instrument pour l'introduction dans cet État d'aucun mémoire, pamphlet, ou livre ayant une telle tendance, sera, à la discrétion de la cour, condamné aux travaux forcés pendant trois années au moins, vingt ans au plus; ou à la peine de mort.

Nous reprenons le récit des événements.

A l'époque de la révolution (1789), les colonies françaises jouissaient de la plus profonde tranquillité.

Mais dès qu'on apprit aux Antilles les événements de Paris, l'agitation fut manifeste. Nous avons vu à l'article Saint-Domingue tous les symptômes des espérances exaltées chez les blancs, et un peu plus tard chez les hommes de couleur libres.

La Guadeloupe fut des premières, aux Iles du Vent, à solliciter dans le sein de l'assemblée Constituante l'admission de ses députés. Un décret du 22 septembre 1789 fixa à deux le nombre des députés de la Guadeloupe.

Les planteurs de toutes nos colonies, qui se trouvaient alors à Paris, ne mettaient pas de bornes à leurs prétentions, et témoignaient déjà l'intention la plus prononcée de contre-carrer les vues du gouvernement sur ses possessions transatlantiques, dans tout ce qui s'écarterait de leurs idées coloniales.

Les colons se réunirent alors et fondèrent ce fameux *Club de l'hôtel de Massiac* où se sont élaborés depuis tant de projets de résistance.

Mais cet ordre d'idées appartenait spécialement aux grands planteurs, à ce qu'on pourrait appeler les oligarques ; car la population des colonies en général se composait de nombreuses catégories fort éloignées de souscrire toutes implicitement aux plans du *Club Massiac*. Au contraire, à la première nouvelle de la prise de la Bastille, on vit aux Iles du Vent l'ivresse de la joie portée à son comble. On prit la cocarde avec enthousiasme. Toutes les autorités coloniales, forcées de céder au torrent, ne pensèrent même pas, du moins ostensiblement, à lui résister.

Dans le premier moment, les hommes de couleur regardaient faire les blancs, et la joie qu'ils témoignaient eux-mêmes semblait n'être que de la sympathie pour le bonheur de leurs anciens patrons ; mais cette abnégation ne fut que de courte durée ; bientôt ils laissèrent percer leurs propres espérances.

Aux avocats des hommes de couleur libres, l'assemblée

Nationale ayant répondu qu'*aucune partie de la nation ne réclamerait en vain ses droits auprès des représentants du peuple français*, aussitôt les nègres libres députèrent aussi vers l'assemblée, et, chose étrange, mais bien caractéristique de l'orgueil inné dans la race humaine, ils n'avaient encore rien obtenu que déjà ils établissaient en leur faveur une ridicule distinction et des prétentions à la prééminence à l'égard des hommes de couleur ou *sang-mêlés*. Ils se qualifiaient de *véritables colons américains*, à classer nécessairement *avant la race bâtarde des mulâtres*. Pour s'assurer davantage la bienveillance de la mère-patrie, ils promettaient, à titre de *faible don patriotique*, qui pourrait être suivi d'offrandes encore plus fortes, une somme de douze millions.

Les planteurs résidant aux Antilles, en s'adressant à l'assemblée Nationale, disaient :

« Les colons d'Amérique n'avaient jamais vu arriver » d'Europe que des tyrans et des fers; en apprenant que » le peuple français, presque aussi malheureux qu'eux, » avait repris son ancienne puissance, ils ont voulu être » libres comme lui. »

Mais comme le mariage, les révolutions n'ont qu'une lune de miel. A la Guadeloupe, le commandant en second, un sieur Darrot, qui eut l'imprudence de vouloir réprimer l'élan de la joie publique, faillit payer de sa vie cette téméraire tentative. Cependant l'effervescence se calma sans effusion de sang. Les habitants de la Pointe-à-Pitre se bornèrent à demander que l'entrepôt du commerce des Américains, établi d'abord chez eux, et qu'une ordonnance du 28 décembre 1786 avait transporté à la Basse-Terre, revînt à la Pointe-à-Pitre. La décision traîna en longueur; le gouverneur, M. de Clugny, ayant con-

voqué l'assemblée coloniale pour la consulter, arrêta
seulement que chaque paroisse nommerait des commissaires pour s'occuper de la rédaction des cahiers que la
colonie enverrait à l'assemblée Nationale.

En général, toutes choses se passaient plus paisiblement à la Guadeloupe qu'à la Martinique.

Dans cette dernière île, l'assemblée coloniale, composée
exclusivement de planteurs, était animée de vifs sentiments d'animosité contre la population urbaine, et trouvait dans le gouverneur une grande partialité en sa faveur; par ses ordonnances, il faisait sans cesse peser sur
la ville de Saint-Pierre les charges publiques, pour alléger
d'autant les campagnes. Nous avons plus haut reconnu
nous-mêmes que les planteurs étaient mal partagés dans
les réglements pour le commerce; ce défaut de justice
distributive a sans doute contribué aux violences de l'assemblée coloniale, en même temps qu'il lui assurait des
droits à la sympathie des gouverneurs. Mais comme les
planteurs en ont depuis abusé !

Quoi qu'il en soit sous le rapport d'équité, on doit bien
juger que les planteurs chérissaient le pouvoir arbitraire
dont ils disposaient à leur gré, et que les villes désiraient
avec ardeur une révolution qui bornerait le pouvoir des
gouverneurs.

La campagne, prépondérante, conserva sa milice; et
ceux des officiers de cette milice pour lesquels il n'y avait
pas de place dans l'assemblée coloniale, allaient, en
pleine paix, enflammer le ressentiment du gouverneur
contre Saint-Pierre par le spectacle d'un nombreux cortége militaire qu'il rencontrait toujours sur ses pas.

Mais l'assemblée coloniale doutait encore de ses forces,
et pour y ajouter, elle fit avec succès auprès des hommes

de couleur des démarches insidieuses, des cajoleries qui
ne réussirent que trop bien chez des hommes jusque là
tenus dans l'infériorité. Voilà comme on a eu l'étrange
spectacle de la conversion des hommes de couleur à une
cause qui, par son éloignement des principes de la révolution française, semblait devoir être celle à laquelle ne
se rallieraient pas des hommes qui ne pouvaient attendre
pour eux que de ces mêmes principes l'égalité des droits
politiques.

Les choses n'arrivaient pas encore cependant jusqu'à
une rupture. Le gouverneur, M. le vicomte de Damas,
était un homme doux, un peu faible peut-être, mais ami
de la justice et de la paix. Malheureusement il était cruellement affligé de la pierre, et il fut forcé de demander un
congé illimité pour aller se faire tailler en France.

À l'arrivée de son intérimaire tout s'envenima de la
manière la plus effrayante. Le nouveau gouverneur,
M. de Viomesnil, homme dur, emporté, violent, était bien
selon le cœur de l'assemblée coloniale.

Un outrage fait par deux officiers du régiment de la
Martinique (les sieurs de Malherbe-Contest et Duboullay)
à la cocarde nationale, en plein spectacle, excita l'indignation à Saint-Pierre; les troupes menacèrent de faire
feu sur les citoyens, et le sang aurait coulé sans nul doute,
si l'intendant, M. de Foulon, et M. Decours de Thoumascau,
le maire de la ville, ne s'étaient pas jetés au-devant des
baïonnettes. Les soldats se replièrent sur le Fort-Royal,
résidence du gouverneur, qui fit des dispositions effrayan-
tes pour aller venger, disait-il, l'honneur du régiment
offensé.

La ville de Saint-Pierre, aux abois, eut recours à la
Guadeloupe, à Sainte-Lucie, à Tabago. Toutes ces colonies

lui envoyèrent des citoyens armés et des armes. Parmi les habitants d'origine française, dans les colonies anglaises, Saint-Pierre trouva même de zélés volontaires qui vinrent lui offrir le secours de leurs bras, avec un enthousiasme extrême.

L'assemblée coloniale de la Guadeloupe, siégeant à la Basse-Terre, à laquelle se présentèrent les députés de Saint-Pierre, agit avec beaucoup de prudence, de patriotisme et de dignité ; elle nomma quatre de ses membres avec la mission de tenter une conciliation. L'illustre Dugommier, la gloire de la Guadeloupe, y résidant alors, et riche propriétaire, fut appelé par acclamation au commandement, par une jeunesse ardente, qui offrit d'accompagner les commissaires pacificateurs.

Le gouverneur, de Clugny, *volens nolens*, mais pressé par l'assemblée de la Guadeloupe, ne crut pas pouvoir se dispenser de se joindre à cette mission pacifico-menaçante.

Cette députation armée eut un succès complet ; justice fut rendue de part et d'autre ; les esprits parurent se calmer. Vers la fin d'avril les volontaires de la Guadeloupe rentrèrent dans leurs foyers.

La Guadeloupe était en paix. Mais à la Martinique on n'en jouit pas longtemps. Le gouverneur Viomesnil céda sans beaucoup de peine sans doute aux obsessions de l'assemblée coloniale, et bientôt tout fut à la guerre. Le Fort-Royal présenta une réunion de planteurs en armes, commandés par les officiers de la milice, ayant pour auxiliaires les mulâtres. La ville de Saint-Pierre, ouvertement menacée d'une imminente destruction, députa de nouveau vers la Guadeloupe, Sainte-Lucie, Tabago. Le succès fut encore plus grand que la première fois. Il n'y avait qu'un

cri d'indignation contre l'assemblée coloniale de la Martinique et contre le gouverneur Viomesnil.

Dugommier commandait encore les volontaires de la
Guadeloup.., et de nouveaux commissaires envoyés par
l'assemblée de cette colonie, purent encore décider le
gouverneur, M. de Clugny, à les accompagner.

Cependant le retour de M. de Damas à la Martinique
sembla pour un moment ralentir les préparatifs hostiles.
Mais cet infortuné gouverneur était plus souffrant que
jamais, et l'état moral dans lequel il se trouvait donnait
beau jeu aux ennemis de Saint-Pierre, en le plaçant entièrement sous leur dépendance.

Quoi qu'il en soit, les choses traînaient en longueur, et
de guerre lasse les partis ennemis convinrent que, sans
rien rabattre de leurs prétentions respectives, ils resteraient de part et d'autre sur la défensive, en attendant le
jugement de la métropole. Voilà tout ce que les pacificateurs purent obtenir, et les volontaires armés retournèrent chez eux encore une fois sans avoir combattu.

La plupart des mulâtres appartenant à la ville de Saint-
Pierre y rentrèrent pendant cette espèce d'armistice. L'on
sent qu'ils devaient être suspects aux blancs.

C'est ici que commence à figurer, sous les couleurs
qui lui sont propres, cette affreuse caste des petits blancs
dont nous avons esquissé le portrait à l'article Saint
Domingue.

Ils abondaient à Saint-Pierre. La suspension des hostilités entre la ville et la campagne déconcertait toutes
leurs espérances de pillage; ils fraternisaient avec les
équipages des vaisseaux marchands, et surtout avec les
matelots marseillais, dont on connaît la férocité.

Le 3 juin 1790, jour de la Fête-Dieu, les mulâtres réclamèrent l'ancien privilége dont ils avaient joui, même avant la révolution, de porter le dais pendant la procession. Les jeunes gens blancs, irrités contre les gens de couleur, qui s'étaient montrés partisans de l'assemblée coloniale, leur disputèrent à tort ce droit d'antique tradition : il s'ensuivit une rixe dans laquelle il y eut de part et d'autre quelques blessures. Cependant, avec la fin du jour, la querelle s'apaisa, et chacun rentra chez soi.

Mais à l'heure où chacun devait être plongé dans le sommeil, le plus odieux de tous les crimes, le plus lâche attentat, porta la désolation et le déshonneur dans la ville de Saint-Pierre. Les petits blancs, accompagnés d'une foule de matelots des vaisseaux de commerce, enfoncèrent les portes, se saisirent de tous les mulâtres qui ne purent échapper à leurs coups; ils les traînèrent sur la batterie Desnos, et là quatorze de ces infortunés furent pendus aux fromagers dont cette place est ombragée.

Toutes les informations qui ont été prises, toutes les enquêtes qui ont eu lieu, ont prouvé que les véritables citoyens, les enfants de la ville, sont restés étrangers à cette scène de cannibales : c'est tout au plus si l'on a pu citer trois mauvais sujets, citoyens de Saint-Pierre, qui aient pris part au crime; et le cas est même resté douteux, ce n'est qu'une suspicion.

Mais le coup fatal était porté à la ville. Qu'on juge du parti que ses ennemis surent tirer de ce funeste événement. La modération de M. de Damas fut désormais impuissante pour empêcher une affreuse réaction : l'assemblée coloniale s'agita d'une manière furieuse; toutes les milices de la colonie se mirent en mouvement; on ne parlait plus de Saint-Pierre que comme d'un repaire de scélérats au sein duquel il fallait porter le fer et le feu :

et pour Saint-Pierre il n'y eut plus de secours à attendre
des colonies voisines; chacun était honteux d'avoir deux
fois répondu à l'appel de pareils monstres.

Saint-Pierre, livré à ses seules ressources, dut se soumettre à la plus dure loi, s'abreuver d'humiliations, passer sous les fourches caudines.

Pour donner une idée plus exacte de ce qui s'ensuivit
de la pendaison des mulâtres à Saint-Pierre, nous laisse-
rons parler un habitant de la Guadeloupe. Malgré quelques inexactitudes dans la lettre qu'il écrivit à son cor-
respondant à Paris, et qui a été publiée dans le *Moniteur*,
n° 217, du 5 août 1790, nous la donnons *verbatim*.

Blocus de la ville de Saint-Pierre (Martinique) par M. de Damas.

Une lettre de la Guadeloupe, du 21 juin, contient les
détails de la sévérité excessive avec laquelle M. de Damas,
gouverneur de la Martinique, vient de traiter les habitants de la ville de Saint-Pierre : on en ignore le motif :
on sait seulement que depuis longtemps ces habitants
s'étaient soustraits à l'autorité de ce commandant, et lui
avaient fait éprouver différentes humiliations; conduite
qui avait été désapprouvée par les habitants des campagnes et de la ville du Fort-Royal. D'un autre côté, il s'é-
tait passé depuis peu à Saint-Pierre un événement affreux
qui peut-être a occasionné l'acte de rigueur de M. de Damas. Le jour de la Fête-Dieu, les mulâtres, voulant,
contre l'usage, monter sous les armes de la procession,
il y avait eu entre eux et les habitants plusieurs attaques
très-meurtrières, dans lesquelles quelques blancs et un
plus grand nombre de mulâtres avaient été tués : plu-

sieurs de ceux-ci avaient été pris et pendus. Soit que le
gouverneur ait voulu venger ces mulâtres, soit qu'il ait
voulu se venger lui-même de l'insurrection qui lui avait
ravi son autorité, et qu'il ait profité pour cela du ressentiment des mulâtres, voici ce qui s'est passé.

M. de Damas et M. de Ponteves, commandant la station,
ont, au milieu de la nuit, investi par terre et par mer la
ville de Saint-Pierre, composée de dix-sept à dix-huit
cents mulâtres et de beaucoup d'habitants de la colonie,
formant ensemble cinq à six mille hommes. Il s'est commis, dit-on, de grands excès; il y a eu du pillage. Les
citoyens arrachés de leur lit et de leurs maisons, et traî-
nés à bord des vaisseaux sur la rade; les femmes et les
enfants fuyant au milieu des ténèbres, et s'embarquant
sur les navires marchands; les habitants désarmés, des
canons de campagne pointés sur les issues de la ville, et
enfin toutes les horreurs d'un siège dans les règles; voilà
quel a été le tableau de la ville de Saint-Pierre pendant ce
blocus. Plusieurs navires ont fait voile pour la France
comme fugitifs; entr'autres, un Provençal et un Borde-
lais. M. de Damas, en partant, a fait transférer une quantité de citoyens au Fort-Royal, les fers aux pieds. La municipalité a été détruite et l'ancien régime rétabli. Les
mulâtres se sont ensuite campés en corps au Fort-Royal,
et il est resté à Saint-Pierre quatre cents hommes pour
maintenir l'ordre. »

Cependant des listes de proscription se dressaient parmi
les planteurs de la Martinique contre les malheureux
habitants de Saint-Pierre; chacun y plaçait, au gré de ses
passions ou de son intérêt, l'un son ennemi privé, l'autre
son créancier. Trois cents hommes, à Saint-Pierre, arrachés à leurs femmes, à leurs enfants, furent jetés dans

les fers, transférés au Fort-Royal, pour y être jugés par ceux-là mêmes qui avaient été leurs dénonciateurs.

Tant de rigueurs et d'injustices désarmèrent enfin les préventions des citoyens dans les autres colonies. Saint-Pierre se justifia d'ailleurs aux yeux du plus grand nombre d'avoir pris part à la scène du 3 juin; et pendant ce temps le parti des planteurs se couvrait de honte par des actes atroces. Dans les environs du Fort-Royal, les mulâtres avaient massacré des partisans ou prétendus partisans de Saint-Pierre.

Les sentiments de pitié et de bienveillance pour Saint-Pierre étaient revenus dans les autres colonies. La Guadeloupe accueillit à bras ouverts de nouveaux députés de la cité opprimée. Tous les quartiers réunis décidèrent d'y envoyer de prompts secours, et le gouverneur Clugny ne put refuser son approbation à cette délibération. Il partit de la Guadeloupe vingt-deux députés conciliateurs, appuyés par deux cent cinquante militaires et quatre-vingts citoyens volontaires, sous les ordres de Dugommier. Dans cette circonstance, l'illustre patriote mit le sceau à la belle réputation qu'il s'était déjà faite. Dans cette guerre, dite du *Gros-Morne* de la Martinique, ce fut à la prudence, à l'humanité, à l'esprit conciliant, au patriotisme sincère et vrai de Dugommier que les partis acharnés durent de ne pas s'être entièrement détruits.

Les prisonniers de part et d'autre furent rendus à leurs familles et à leurs affaires.

D'aucun côté on ne désarma, mais les hostilités s'arrêtèrent; on se tint de part et d'autre sur la défensive : les Pierrotins dans leurs murs, et le gouverneur, l'assemblée coloniale et les principaux planteurs, dans leur camp du Gros-Morne.

Tout resta dans cet état jusqu'à l'époque du 12 mars 1791, jour de l'arrivée au Fort-Royal des commissaires pacificateurs envoyés par la métropole, et dont il sera parlé plus loin.

Jetons en attendant un coup d'œil rapide sur la Guadeloupe.

ANNÉE 1790.

Le déchaînement des passions cupides et haineuses a toujours été moins violent à la Guadeloupe qu'à la Martinique, l'orgueil colonial moins irascible, la propension à se soustraire à l'empire de la métropole moins insolente ; les sentiments de confraternité coloniale plus puissants.

Pendant les premiers troubles de la Martinique, les motifs de discorde moins nombreux à la Guadeloupe, lui laissaient un plus libre exercice de la raison. — L'assemblée des électeurs, réunie à la Basse-Terre, dans le courant de janvier 1790, était animée d'un sentiment de prudence qui lui offrait sous un point de vue rationnel les malheurs auxquels la Martinique était en proie.

Cette assemblée procéda avec calme, sagesse et promptitude cependant, à un plan de constitution conforme aux dispositions du décret de l'assemblée Nationale de France, du 8 mars 1790.

Par cette constitution, les anciennes milices de la colonie furent abolies. On avait élu et envoyé trois députés à l'assemblée Nationale, qui partirent de la Guadeloupe le 1er septembre 1790.

L'assemblée arrêta l'institution des municipalités à la Basse-Terre et à la Pointe-à-Pitre. Dans toutes les autres paroisses, l'établissement des justices de paix.

A peine ces travaux touchaient à leur fin que l'assemblée eut à s'occuper des demandes de secours, faites par la ville de Saint-Pierre, dont nous avons parlé plus haut.

Cependant tous les esprits n'étaient pas parfaitement calmes, au retour des volontaires et de M. de Clugny, le gouverneur, à la Guadeloupe. La ville de la Basse-Terre crut reconnaître dans le gouverneur des tendances contre-révolutionnaires, conformes à celles de l'assemblée coloniale de la Martinique et du gouverneur de cette dernière colonie. L'habitude invétérée du commandement militaire, trop manifeste chez M. de Clugny, et ses étroites relations avec M. de Damas, inspiraient beaucoup de défiance.

La Basse-Terre devint ombrageuse à mesure qu'elle s'aperçut de l'éloignement que témoignait M. de Clugny pour la formation de sa municipalité; d'imprudents amis du gouverneur répandaient des écrits dans lesquels ils s'appesantissaient avec affectation sur les dangers d'une semblable organisation dans un pays d'esclaves. On vit d'ailleurs avec inquiétude que l'assemblée coloniale convoquée à la Basse-Terre pour le 15 juin, n'était plus composée que des partisans exclusifs de M. de Clugny : il ne tarda pas à perdre en grande partie le crédit et l'influence que jusqu'alors lui avait acquis sa modération.

A cet état de sourde fermentation, les soldats du régiment de la Guadeloupe, par leur intervention, en date du 1er septembre 1790, firent succéder un état de choses d'une couleur beaucoup plus prononcée. Ils sortirent en ordre du fort et vinrent renouveler à la municipalité leur *serment civique*, fraternisèrent avec les habitants de la ville; mais leurs officiers manifestaient un vif dépit.

L'assemblée coloniale, prévoyant tous les malheurs dont était menacée la colonie, arrêta que toutes les paroisses de l'île seraient invitées à envoyer des dé-

putés extraordinaires pour assister à une fédération générale à laquelle seraient invités le gouverneur et tous les
corps civils et militaires.

Mais M. de Clugny, malgré la promesse solennelle qu'il
avait faite à l'assemblée de ne pas s'éloigner de la Basse-
Terre, partit en secret pour la Pointe-à-Pitre. Là ses partisans lui préparaient une ovation, à son entrée dans la
ville.

M. de Clugny s'établit à la Pointe-à-Pitre ; de sa propre
autorité, il y transféra le siège du gouvernement; il y
convoqua l'assemblée coloniale, sur laquelle, en sa qualité de gouverneur et de très-grand propriétaire dans la
colonie, il n'eut pas de peine à exercer bientôt la plus
grande influence; et on le vit désormais correspondre
ouvertement avec le gouverneur de la Martinique et
l'assemblée coloniale de cette île, qui de leur camp du
Gros-Morne lui demandaient des armes, des munitions,
des vivres; et elle proposait une fédération avec les planteurs de la Guadeloupe.

L'ordre que M. de Clugny envoya à la Basse-Terre, pour
en tirer des fusils et des munitions de guerre, mit le
comble aux défiances : les soldats et toute la population
de la ville, jugeant que ces munitions étaient destinées
pour le Gros-Morne et pour servir contre les Guadeloupiens qui défendaient la ville de Saint-Pierre, résolurent
de ne pas laisser sortir ces munitions de l'arsenal de la
Basse-Terre.

De son côté le commerce de France à la Basse-Terre
voyait avec effroi l'envoi qu'on faisait au Gros-Morne et à
la Martinique, de fusils et de munitions. Les matelots des
bâtiments de commerce, armés seulement de bâtons,
coururent au Fort Louis qui domine l'entrée du port, et

s'y logèrent. 400 planteurs, opposés à la révolution et bien armés, descendirent à la Pointe-à-Pitre pour s'emparer du fort et en chasser les matelots qui s'opposaient au départ des armes pour le Gros-Morne. Le gouverneur Clugny, effrayé des conséquences de ce conflit, consentit au débarquement de ces armes. Mais après l'évacuation du fort par les matelots, les armes furent de nouveau embarquées et partirent pour la Martinique.

Nous allons nous arrêter un instant dans ce récit des événements de la Martinique et de la Guadeloupe, pour jeter un coup-d'œil sur ce qui se passait à Tabago et à Sainte-Lucie.

TABAGO. — Les troubles qui ont eu lieu à Port-Louis de Tabago ont la même origine que ceux que l'on a éprouvés dans les autres colonies; c'est l'effet de la commotion qui s'y est fait sentir lorsqu'on y a appris les événements de France au 14 juillet. D'après ce qui s'était passé en France et d'après ce qui se passait dans les colonies voisines de Tabago, M. Bosque, avocat, invita les Français à se réunir pour former un comité patriotique. Cette assemblée se réunit le 23 octobre; MM. Gresiler et Guys furent élus l'un président, et l'autre vice-président. M. Bosque fut élu secrétaire. Elle envoya une députation aux administrateurs de la colonie pour les inviter à se joindre à elle, afin de travailler de concert à son bonheur. Cette invitation fut rejetée par M. de Jobal, commandant. La société patriotique arrêta qu'il serait fait des représentations à MM. les administrateurs sur les motifs qui avaient donné lieu à la réunion des Français à Tabago, et qu'au cas d'un second désaveu, la société se dissoudrait. La démarche eut du succès, et le commandant

approuva la formation de l'assemblée. Cette association
n'a duré que six jours et n'a tenu que sept séances. Ses
membres ont été constamment attachés aux principes
d'ordre, difficiles à conserver dans les premiers moments
d'une révolution, mais bientôt les citoyens qui étaient à
la tête de cette association sont devenus victimes de l'injustice la plus atroce. A Tabago, comme en France, les
officiers militaires virent avec peine se déployer l'énergie
de la liberté; ils devinrent les ennemis de l'assemblée
patriotique aussitôt qu'elle fut formée. MM. Bosque, Greslier et Guys furent bientôt en butte à la haine la plus
active, et, d'après les dépositions de quelques soldats
reçues par leurs officiers, ils furent dénoncés comme
coupables d'avoir tenu une assemblée illégale, dans laquelle, disait-on, ils avaient tramé une espèce de sédi-
tion. La dénonciation fut faite le 3 novembre, par M. Danglebermo, membre de la commission, et remise à M. de
Jobal.

MM. Greslier, Guys et Bosque, craignant pour leurs
jours, obtinrent un congé du commandant de la colonie, et s'embarquèrent pour la Martinique; M. de Jobal
les fit poursuivre par une goélette qui les ramena à
Tabago. MM. Guys et Greslier furent mis à terre en
liberté, et M. Bosque conduit en prison et mis aux fers.
— Le procès fut instruit en quatre jours, sur la dénonciation de M. Danglebermo et le jugement condamna
MM. Greslier et Guys à une amende de 1000 livres chacun, pour avoir permis aux soldats de sa Majesté de
prêter un serment dans leur assemblée, « quoique (est-il
dit dans leur jugement), ils ne paraissent pas l'avoir fait
à mauvaise intention. »

Quant à M. Bosque, il est déclaré convaincu d'avoir

méchamment et malicieusement affaibli le gouvernement
du roi dans l'île, en déclarant à M. Garot, soldat, que les
soldats devaient être libres d'aller boire où ils voudraient ;
d'avoir fait signer le serment civique à plusieurs d'entre
eux ; d'avoir proposé un dîner à une compagnie du
régiment en garnison au Fort-Louis, etc., et en conséquence, condamné à être emprisonné pour six mois,
et mis au carcan pendant une heure, à moins que, dans
l'espace de six semaines, il ne consente à partir de la
colonie pour n'y pas revenir. Ce jugement fut rendu par
sept juges, dont trois étaient les dénonciateurs de M. Bosque auprès du commandant. Ce tribunal, à la même époque, renvoya absous de toute accusation, un gérant de
plantation convaincu d'avoir blessé de plusieurs coups de
couteau au visage, un nègre esclave, qu'il avait fini par
tuer en lui plongeant son couteau dans le cœur, et afin
de soustraire ce scélérat à l'indignation des nègres, ils
lui ordonnèrent de sortir de la colonie. — Pendant l'emprisonnement de M. Bosque, sa maison a été totalement
dévastée, et ses propriétés vendues à vil prix. M. Bosque
prêta, au bout de six semaines, serment de ne plus revenir dans l'île, et M. de Jobal lui déclara qu'il ne pouvait
effectuer sa retraite dans aucune colonie française. Il
choisit la Trinité espagnole, et le lendemain il fut embarqué avec un meurtrier anglais, et déposé à la pointe de
Cumana, dans la partie de la Trinité espagnole habitée
par les sauvages. Plus de pitié l'attendait chez les Caraïbes, qui le conduisirent dans une pirogue non pontée, à
travers quarante lieues de mer, au port de la Trinité.

Quel était le crime de M. Bosque ? d'avoir, d'après les
ordres de l'assemblée, dont il était le secrétaire, reçu
le serment civique de quelques soldats. Quel était ce

serment? d'être fidèle à la Nation, à la Loi et au Roi.

. . . .

. . . .

«L'assemblée coloniale de Tabago, ayant, en vertu du décret de l'assemblée Nationale du 8 mars, fixé les bases de la constitution qu'elle avait jugé devoir lui convenir, s'était séparée en chargeant un comité de la rédaction du plan. Par l'infidélité de quelques copistes, une expédition du plan était devenue publique, et les dispositions quelle contenait ont donné lieu à des protestations; le commandant, chef du pouvoir exécutif dans la colonie, et sans la sanction duquel l'assemblée coloniale ne pouvait rien mettre à exécution, a eu l'imprudence vraiment inconcevable de protester contre des arrêtés qui n'étaient encore qu'en projet, et de se mettre ainsi, par cette ridicule protestation, dans l'impossibilité de sanctionner les opérations de l'assemblée coloniale. Plus tard, le caractère intrigant et perfide de M. de Jobal a exposé l'île de Tabago aux plus grands malheurs. Le roi avait fait passer à Tabago une partie du régiment de la Sarre, et M. de Jobal a cherché à désunir les habitants et les soldats. Il disait à ceux-ci que les habitants avaient beaucoup d'armes et 15,000 cartouches; et dans le même temps il informait l'assemblée coloniale que la garnison menaçait la colonie du pillage si les habitants ne donnaient pas les sommes nécessaires pour payer le prêt des troupes. Cette coupable ruse jeta le trouble et l'alarme dans l'assemblée, qui cessa de tenir ses séances à Fort-Louis. On ne tarda pas à s'éclairer, et la conduite de M. de Jobal fut dévoilée aux yeux de l'assemblée et de la garnison.

« Le 16 février 1790, les cinq compagnies du régiment de la Guadeloupe furent chez le commandant porter un long

mémoire de plaintes. Cette réclamation fut présentée avec
insubordination et avec audace; mais, à la honte de l'autorité, les plaintes des soldats étaient fondées. On pense
bien que le privilège exclusif qu'on avait maintenu aux
cantines de vendre aux militaires, y tenait un long article.
Trop faible pour imposer aux soldats, M. de Jobal leur fit
donner quatre barriques de vin. » Cette indulgence im-
prudente apprit aux soldats qu'ils étaient redoutés, les
plongea deux jours dans l'ivresse, et occasionna les excès
de la journée du 18. Les soldats, ivres depuis deux jours,
prirent les armes le matin, se rendirent sur la place, ôtèrent
le commandement à leurs officiers, annulèrent des jugements militaires, et se livrèrent à tous les excès. Il y avait
une compagnie de volontaires formée à Tabago; le trésorier de la colonie, M. de Saint-Léger, en était le commandant. A Tabago, comme en France, la plus grande union
régnait entre la garde nationale et la troupe de ligne; mais
à Tabago comme en France, cette union déplaisait au
commandant et aux officiers. Les volontaires de Tabago
partirent le 13 avril pour aller secourir les habitants de la
ville de Saint-Pierre-Martinique. A leur retour le 29, les
soldats qui faisaient l'exercice mirent leurs armes en
faisceaux, et coururent au devant d'eux. Deux officiers,
MM. Depré et Blosse, rencontrèrent les soldats qui des-
cendaient des casernes, et leur ordonnèrent de retourner
au fort. Cet ordre ne fut pas exécuté sans murmure. Le lendemain ils se rendirent chez M. de Saint-Léger, et lui déclarèrent qu'ils voulaient la tête de M. Blosse. M. de Saint-
Léger, avec beaucoup de peine, les détourne de cet affreux
projet, et les engage à se contenter de demander au commandant le renvoi de cet officier. Ils nomment une députation auprès de M. de Jobal, qui reçoit ces députés avec

hauteur, leur prodigue des injures et se permet des gestes
menaçants. Alors les autres soldats accourent en foule,
arrachent M. Blosse au gouverneur, lui déchirent ses
épaulettes, et s'apprêtent à lui trancher la tête sur la place.
Un chasseur nommé Chantaloux détourne le coup, prend
M. Blosse dans ses bras, et, aidé de M. de Saint-Léger et
de plusieurs citoyens, il entraîne et embarque cet officier.
M. Blosse ne veut pas partir sans régler la comptabilité
du régiment, et se fait remettre à terre. Ce retour pensa
lui coûter la vie; car à peine avait-il réglé ses comptes
que les soldats se portèrent sur lui avec fureur, pour le
massacrer; les volontaires nationaux le firent évader, et il
partit pour la Martinique.

M. Blosse, dans cette fuite, abandonna tout ce qu'il pos-
sédait. Ses effets furent pillés, et ce qui a échappé à la
fureur du soldat est devenu la proie des flammes. Dans
la nuit du 2 au 3 mai, le feu a mis le comble aux malheurs
de la colonie, en réduisant en cendres presque toute la
ville de Fort-Louis. Les habitants s'empressèrent de réparer le malheur; ils se réunirent pour engager les soldats
à repasser en France. Ceux-ci ne s'y déterminèrent que
sous la condition que deux de leurs officiers les accompa-
gneraient en otage, et que M. de Saint-Léger s'embarque-
rait avec eux, comme garant des promesses qu'on leur
faisait. Ce citoyen, laissant derrière lui de grands intérêts, les sacrifia tous. Il n'exigea que la conservation de
sa place et de celle de son substitut, M. Dufaure, qui lui furent garanties par le commandant et par le comité colonial. Mais à peine parti, M. de Jobal nomma à ces places,
renvoya le substitut, et démentant les certificats honorables et mérités qu'il avait donnés à M. de Saint-Léger, il l'a
calomnié auprès du ministre. Homme faible et sans ca-

ractère, M. de Jobal a occasionné tous les malheurs de
Tabago et tous les troubles. Il réunissait la violence du
despotisme avec une lâche pusillanimité. Sa dureté a ir-
rité les habitants, son défaut de fermeté a relâché les
liens de la discipline militaire. On connaît les vexations
exercées contre M. Bosque; mais ce ne sont pas les seules que se soit permises le commandant de Tabago. Le
10 juillet 1789, il avait ordonné au trésorier de la colonie
de lui remettre une pièce de comptabilité; ce dernier lui
dit qu'il ne pouvait s'en dessaisir sans l'aveu de l'ordonnateur; le commandant le fit arrêter par ses soldats, et
l'obligea avec violence à lui remettre la pièce qu'il avait
exigée.

L'assemblée Nationale, instruite de ces faits, après
avoir entendu son comité des colonies, et se référant à son
décret du 8 mars dernier, déclare : 1º que les jugements
rendus contre MM. Bosque, Greslier, Guys et Leborgne,
les 16 novembre 1789 et 6 juillet 1790, n'emportent aucune note ni tache d'infamie, et seront regardés comme
non avenus.

2º Qu'il n'y a pas lieu à inculpation contre M. Edmond
de Saint-Léger, commandant de la garde nationale de
Tabago.

3º Décrète qu'il sera réintégré dans les places dont il a
été dépouillé, depuis son départ de la colonie, par M. de
Jobal, et que M. Dufaure, substitut de M. de Saint-Léger,
sera également rétabli dans ses fonctions.

4º Que le roi sera prié d'ordonner à M. de Jobal, commandant de Tabago, de se rendre à la Martinique pour
rendre compte de sa conduite devant les commissaires
qui y ont été délégués, et d'autoriser le commandant

général des îles du Vent à faire remplacer M. de Jobal, s'il le juge nécessaire pour le bien de la colonie.

5° L'assemblée Nationale renvoie à l'examen et à la discussion du ministre de la marine les demandes en paiement d'indemnités et d'appointements faites par MM. Blosso, officier au régiment de la Guadeloupe, et Chamel, procureur-général de Tabago.

SAINTE-LUCIE. — Cette colonie est restée calme et n'a eu qu'un rôle passif dans les premiers temps de la Révolution Française. La Cocarde nationale y fut d'abord saluée par des acclamations presque unanimes, auxquelles n'osèrent pas s'opposer le gouverneur, M. de Gimat, et le commandant en second, M. de Manoël. L'ordonnateur de la marine, le contrôleur et tous les subalternes de cette administration, le sénéchal juge, le procureur du roi et tous les gens de justice semblaient partager l'enthousiasme général. Dans la querelle entre la ville de Saint-Pierre et les planteurs de la Martinique, cette ville trouva d'ardentes sympathies dans la jeune population blanche de Sainte-Lucie, qui accourut à Saint-Pierre pour se joindre aux volontaires patriotes de la Guadeloupe, Marie-Galante et Tabago. Les volontaires de Sainte-Lucie se rangèrent avec joie sous les ordres de Dugommier. De retour dans leurs foyers, les Sainte-Luciens attendirent avec calme l'issue de la querelle Martiniquaise. Il n'y a aucun événement à signaler jusqu'à l'arrivée des commissaires pacificateurs et du gouverneur Béhague à la Martinique.

Revenons à la Guadeloupe.

La Basse-Terre était tranquille, lorsque le 10 décembre deux bâtiments du roi, faisant partie de la station des Antilles aux ordres de M. de Brayes, vinrent réclamer des vivres. Les équipages de ces bâtiments commirent quelques excès ; la municipalité dut intervenir : l'intendant, M. Petit de Viévigne, se comporta avec hauteur et froissa la municipalité. Après quoi il se retira clandestinement à la Pointe-à-Pitre auprès de M. de Clugny, dans l'intention de se venger de la résistance de la municipalité.

Ainsi, tous les chefs militaires, les hauts agents de l'administration, en un mot tous les gens du roi, se coalisaient pour opposer de la résistance, même aux ordres du roi, émanés avec plus ou moins de sincérité de l'autorité royale. Ils étaient loin de s'attendre à la journée du 10 août ; et comptaient bien sur des remercîments pour avoir désobéi.

Dans cet état au moins très-équivoque des choses, la vérité n'échappa point à la sagacité de l'assemblée Nationale, éclairée d'ailleurs par les députés confidentiels de la ville de Saint-Pierre, MM. Arnaud de Corio et Ruste de Rézeville. En dépit des efforts de MM. de Dillon et Moreau de Saint-Méry, députés de l'assemblée coloniale de la Martinique, le ministre de la Marine reçut l'ordre d'expédier aux îles du Vent une petite escadre, qui fut confiée au commandement de M. de Girardin, et qui portait à la Martinique, avec M. de Béhague pour remplacer M. de Damas, quatre commissaires pacificateurs, MM. Lacoste, Magnytot, inconnus dans la colonie, et MM. de Montdenoix et Linger, qui, antérieurement à la révolution, avaient occupé des emplois dans l'administration aux Antilles.

Les commissaires emmenaient avec eux 6,000 hommes de troupes.

Du choix de ces commissaires on n'a pas beaucoup sujet de s'étonner. Mais pour aider à la pacification si difficile d'un pays où tant de mauvaises passions fermentaient, quel choix que celui d'un commandant militaire plus digne d'une loge à Charenton que d'une mission raisonnable et pacifique !

Le 12 mars 1791, les commissaires débarquèrent à Fort-Royal.

Leur premier soin fut de transmettre à la Guadeloupe des exemplaires du décret de leur institution, en annonçant qu'aux termes de leurs instructions potentielles, ils allaient suspendre et l'assemblée coloniale et la municipalité de la Basse-Terre. M. de Clugny accourut auprès d'eux, accompagné de plusieurs membres de l'assemblée. Ils déclaraient que la suspension de l'assemblée perdait irrévocablement la colonie.

Les commissaires débutèrent par un acte de grande faiblesse, en accédant à cette protestation.

M. de Clugny trouva dans M. de Béhague tout ce que l'assemblée coloniale et lui pouvaient désirer. Il n'eut pas de peine à obtenir de ce gouverneur qu'il ne serait détaché sur la Guadeloupe d'autres troupes que le 2ᵉ bataillon du 14ᵉ régiment, ci-devant Forez.

Se retournant ensuite vers les commissaires, il remontra qu'une foule d'aventuriers chassés de la Martinique par M. de Damas, portaient le désordre à la Guadeloupe, où ils s'étaient retirés. Il se fit requérir par les commissaires *de prendre toutes les mesures nécessaires pour les en faire sortir, et pour empêcher qu'il ne s'y en introduisît d'autres.*

Un homme intègre et capable, M. Masse, ancien administrateur colonial, avait été nommé ordonnateur à la Guadeloupe; M. de Clugny, d'accord avec l'assemblée coloniale, refusa obstinément de le recevoir.

Les volontaires de diverses îles qui étaient accourus au secours de Saint-Pierre, et qui séjournaient à la Guadeloupe, en furent outrageusement expulsés.

Cependant les Guadeloupiens, revenus de Saint-Pierre avec leur digne commandant Dugommier à leur tête, furent, malgré le mauvais vouloir de M. de Clugny, splendidement fêtés à la Basse-Terre par la garde nationale. De vils agents de l'assemblée coloniale les accusèrent d'avoir conspiré pour s'emparer du fort; un misérable caporal, de garde à la porte, dressa procès-verbal des prétendues insultes qui lui avaient été faites par une patrouille bourgeoise. Le maire courageux de la ville exigea ce rapport, le déféra comme un coupable mensonge à l'autorité judiciaire, et une procédure s'ensuivit. Cette marche légale déconcerta les calomniateurs. Le caporal rétracta son rapport mensonger; mais le commandant prit sur lui de défendre à ses soldats de déposer dans cette affaire. M. de Clugny eut la bassesse de solliciter des commissaires la suspension des poursuites, qui pouvaient jeter un grand jour sur les auteurs et le but de cette horrible machination. A la honte du pouvoir judiciaire, malgré le refus des commissaires d'autoriser un pareil déni de justice, il ne fut donné aucune suite à l'affaire. Le procès-verbal mensonger fut enseveli dans l'oubli.

C'est alors que l'illustre Dugommier, pour se soustraire à la rage des ennemis de son patriotisme et de son héroïque courage, vint se réfugier à Paris. Chacun sait quelle a été depuis la glorieuse carrière de ce grand citoyen.

La frégate française la *Calypso*, commandée par M. de Mallevault, fut envoyée par M. de Béhague à la Basse-Terre dans les premiers jours de juillet, et y débarqua quelques bandits de son équipage, dont les excès mirent la ville en émoi. Les citoyens furent réveillés par les cris *aux armes !* qui se firent entendre. M. de Mallevault fit charger ses canons pour foudroyer la ville. C'est en vain que la municipalité, autorisée par les commissaires nationaux, dénonça ces délits aux tribunaux. On n'a même jamais connu le but véritable de l'envoi de cette frégate à la Guadeloupe. Cependant les officiers et les sous-officiers du régiment de la Guadeloupe, armés de sabres et de bâtons, provoquaient outrageusement les paisibles habitants de la Basse-Terre.

Enfin, le masque fut levé : on vit revenir dans cette malheureuse cité, le gouverneur Clugny, porté comme en triomphe par un cortége de planteurs, qui criaient à s'égosiller *vive Clugny ! vivent les aristocrates !*

Les frégates la *Calypso* et la *Didon* vinrent de nouveau mouiller sur la rade de la Basse-Terre. Tous les équipages débarquèrent et se livrèrent à d'effroyables excès.

La municipalité, aux abois, crut encore pouvoir députer auprès du gouverneur. M. de Clugny répondit que puisque la garde nationale était décidément vue de mauvais œil par les colons, il n'y avait de tranquillité à attendre qu'au moyen de son licenciement et de son désarmement.

Il fallut se soumettre à une mesure qui récompensait le dévouement par l'infliction d'une peine cruelle.

M. de Clugny était désormais lancé sur la mer contre-révolutionnaire ; il écrivit aux commissaires nationaux à la Martinique pour demander la suppression des municipalités.

Cette fois les yeux des commissaires parurent se dessiller ; ils refusèrent cette suppression.

La soldatesque triomphante et enivrée de rhum et de tafia pénétra dans le domicile de plusieurs citoyens : les sieurs Parent et autres furent assaillis dans leur domicile, frappés, laissés pour morts, l'un avec une jambe cassée. Le sieur Négré, ainsi pris d'assaut dans sa maison, voulut se défendre ; il tira un coup de pistolet, qui ne blessa personne ; on le traduisit en justice.

Les commissaires sortirent enfin du sommeil léthargique dans lequel ils restaient plongés à la Martinique ; ils se portèrent à la Guadeloupe. Ils débarquèrent à la Basse-Terre le 25 août 1791. D'un côté ils purent facilement remarquer la joie qu'y occasionnait leur arrivée chez les paisibles patriotes, et de l'autre les regards inquiets de leurs antagonistes.

Ils ne furent pas peu étonnés de voir circuler à la Basse-Terre, sous le contre-seing de M. de Béhague, gouverneur de la Martinique, copie des procès-verbaux de la municipalité de la Basse-Terre qui avaient été adressés aux commissaires. Ils apprirent aussi qu'il avait été donné connaissance au régiment de la Guadeloupe du projet qu'ils avaient de faire partir pour France ce turbulent régiment.

M. de Clugny avait autorisé des fédérations entre les planteurs : le premier soin des commissaires fut de révoquer ces autorisations illégales. Déjà l'une de ces fédérations avait eu lieu à Sainte-Anne, le 3 août, et une autre dans une autre commune, le 17 du même mois ; la fédération de Sainte-Anne avait débuté, dès le premier jour de sa formation, en signant une liste de proscription d'une trentaine d'individus. Après plusieurs dispositions où l'odieux égalait l'insolence et le ridicule, les confédérés terminaient par ces mots : « Après la fédération effectuée, il sera avisé aux moyens *d'expulser, tant de la Basse-Terre que du reste de la colonie, les gens qui*

» *seront reconnus dangereux et perturbateurs*, etc., etc.,
» etc., etc. »

Tout cela était approuvé, sanctionné par le gouverneur
Clugny.

Le pavillon blanc n'avait pas encore été supprimé à
cette époque ; mais les grenadiers du deuxième bataillon
du 14e régiment, qui ne partageaient pas les sentiments
du régiment de la Guadeloupe, arborèrent sur leur ca-
serne le drapeau tricolore, malgré leurs officiers, et même
malgré les efforts prudents de la municipalité.

Le gouverneur Clugny ordonna le désarmement et l'arrestation des grenadiers. On intenta un procès criminel
à quatre habitants de la Basse-Terre, accusés d'avoir fo-
menté ce mouvement.

Les commissaires eurent à soutenir un long débat avec
l'assemblée coloniale au sujet de l'ordonnateur Masse,
que le gouverneur et l'assemblée persistaient à ne pas admettre à l'exercice des fonctions de sa place. M. Masse
fut forcé de céder et de quitter la colonie, porteur cependant d'un bon certificat délivré par l'assemblée coloniale, qui constatait que M. Masse était un homme de
probité, capable, et contre lequel on ne pouvait articuler
aucun grief.

En un mot, les commissaires ne purent ramener l'assemblée à l'exécution d'aucune des lois de la métropole.

De la Basse-Terre, les commissaires se portèrent à la
Pointe-à-Pitre, où ils ne furent pas plus heureux dans leur
mission de pacification. Le 17 septembre, ils requirent la
sénéchaussée de cette dernière ville de commencer une
instruction contre les signataires de la liste de proscription formée par les confédérés de Sainte-Anne. L'assem-
blée-générale coloniale, non-seulement refusa de laisser

cours à la justice, mais elle ajouta même que la réquisition des commissaires l'avait fait *frémir d'indignation ;* elle l'écrivit formellement aux commissaires.

Lassés enfin du rôle humiliant qui leur était imposé, les commissaires nationaux retournèrent à la Basse-Terre, où ils rédigèrent, le 20 septembre, une proclamation pour tâcher de faire prévaloir la loi, dont ils étaient les organes. Le gouverneur Clugny, d'accord avec l'assemblée, opposa la résistance la plus opiniâtre à la publication de cette proclamation, dont les termes étaient cependant d'une modération qui rendait presque douteuses les intentions métropolitaines.

Des troubles survenus à Sainte-Lucie y nécessitèrent, sur ces entrefaites, la présence de MM. Montdenoix et Linger.

MM. Lacoste et Magnitot, restés seuls à la Basse-Terre, requirent de nouveau le gouverneur de faire publier leur proclamation. Aussitôt les planteurs fédérés s'agitèrent violemment, et M. de Clugny, pour ne pas faire droit, déclara se démettre de ses fonctions. Forcé fut aux commissaires de s'adresser alors au commandant en second de la colonie, qui leur signifia son immuable résolution de désobéir, à l'instar du gouverneur, et de se démettre également si les commissaires persistaient.

L'assemblée coloniale s'affranchit désormais de toute contrainte. Elle prit des arrêtés contre-révolutionnaires, écrivit des menaces aux commissaires, et défendit toute publication quelconque qui ne serait pas formellement autorisée par elle. Un sergent-major ayant observé que respect était dû aux commissaires de l'assemblée Nationale, fut arrêté, jeté dans un cachot, et embarqué de nuit pour être déporté en France, où l'on s'imaginait sans

doute que les choses devaient être dans un état tel que le
roi ordonnerait à son arrivée qu'il serait pendu ; ce qui,
en effet, aurait bien pu avoir lieu, sans la journée du
10 août.

L'assemblée coloniale de la Guadeloupe entretenait avec
M. de Béhague, gouverneur de la Martinique, son fidèle
ami, une correspondance fort active. Ce gouverneur eut
l'insolence d'écrire aux commissaires sans entrer dans
aucune autre explication, qu'il avait ordonné à M. de Clugny de reprendre ses fonctions ; après *vingt-quatre heures
d'arrêts,* cependant, pour les avoir quittées sans sa permission.

Les commissaires déclarèrent qu'ils devaient cesser
leurs travaux à la Guadeloupe, et repartirent pour la
Martinique, où ils arrivèrent le 20 octobre.

Ils y trouvèrent leurs deux collègues, revenus de
Sainte-Lucie depuis quelques jours.

Trois députés de l'assemblée coloniale de la Guadeloupe auprès de M. de Béhague, les avaient devancés à la
Martinique.

Tous ces personnages se trouvant réunis, M. Lacoste fit le rapport de ce qui s'était passé, et il proposa à
M. de Béhague de faire partir pour la France M. de Clugny et son commandant en second, pour y rendre compte
de leur conduite au roi et à l'assemblée Nationale. MM. de
Montdenoix et Linger furent d'un avis contraire ; M. de
Béhague se rangea de leur côté, et on n'en parla
plus.

MM. Lacoste et Magnitot se décidèrent peu après à
revenir en France : ils étaient porteurs de toutes les pièces officielles de la mission des commissaires, et ces
pièces étaient destinées à être remises au ministre de la

marine. Mais au moment du départ, un lieutenant de vaisseau vint, par ordre de M. de Béhague, et sur la réquisition de MM. de Montdenois et Linger, se saisir de la
cassette. Ces pièces importantes sont restées à la Martinique.

L'assemblée coloniale de la Guadeloupe arrêta que les
quarante soldats du 2ᵉ bataillon du 14ᵉ régiment et les
quatre citoyens emprisonnés pour avoir arboré le pavillon
tricolore seraient envoyés en France pour être traduits
devant la haute-cour nationale. Le gouverneur sanc-
tionna cet arrêté. Les prisonniers furent dirigés sur la
Martinique, et M. de Béhague exécuta l'arrêté de déportation.

SAINTE-LUCIE ET TABAGO. — Nous avons dit plus
haut que quelque agitation s'étant manifestée à Sainte-
Lucie, MM. de Montdenoix et Linger avaient jugé à propos de s'y transporter. Mais cet incident avait été de très-
peu d'importance. Les deux colonies attendaient assez
paisiblement l'issue des événements, le résultat des luttes
engagées à la Martinique et à la Guadeloupe, et des
nouvelles de France. Nous n'aurons donc rien à dire de
ces deux colonies secondaires, jusqu'au moment où la
contre-révolution coloniale, ouvertement déclarée par
l'assemblée coloniale de la Martinique et par M. de Béhague et consorts, appellera Sainte-Lucie principalement à
prendre une part active au débat.

La contre-révolution ouvertement proclamée aux îles du Vent.

Le 2 juillet 1792, l'assemblée Nationale de France avait
rendu un décret, sanctionné par le roi le 4 du même
mois, portant que MM. de Béhague, gouverneur de la
Martinique; de Clugny, gouverneur de la Guadeloupe,

d'Arrot, commandant en second, et Montdenoix, seraient mandés à sa barre pour y rendre compte de leur
conduite. M. Linger, resté à la Martinique avec M. de
Montdenoix, y était mort.

Dans les derniers moments du règne de Louis XVI, le
général de division Donatien-Marie-Joseph, comte de Rochambeau, fils et compagnon d'armes aux États-Unis du
vieux maréchal de Rochambeau, l'ami de Washington,
fut nommé commandant général des îles du Vent, au
siége et gouvernement de la Martinique; le général Collot
au gouvernement particulier de la Guadeloupe, et le maréchal de camp de Ricard à celui de Sainte-Lucie ; tous
trois en remplacement de MM. de Béhague, de Clugny
et de Gimat.

La frégate *la Sémillante,* capitaine Bruix, eut la mission
d'escorter à la Martinique le convoi qui partait, avec les
trois nouveaux gouverneurs des colonies françaises du
Vent, quatre commissaires civils, mille hommes de troupes
de ligne, et mille hommes de gardes nationales européennes. L'expédition fit voile de Lorient, le 10 août, jour
même de la catastrophe des Tuileries, avant-coureur de
la chute imminente de la royauté de Louis XVI.

Pendant que la flottille faisait route, M. de Clugny était
mort de maladie à la Basse-Terre. Tel était l'état de furi-
bondie sous lequel gémissaient les colons restés fidèles à la
France, que cet homme coupable de nombreux abus de
pouvoir, de duplicité, et d'actes injustifiables aux yeux de
la morale, laissa des regrets, quand on vint à comparer
la feinte aménité de ses mœurs et la politesse exquise de
ses manières avec les écarts fougueux et la rudesse du
plus grand nombre de ceux dont il était entouré : avec
Vioménil et Béhague, par exemple !

Le vicomte d'Arrot, à la mort de Clugny, avait pris en mains les rênes du gouvernement à la Guadeloupe : il eut pour successeur au commandement en second, le colonel Fitz-Maurice, du régiment de la Guadeloupe, et ce régiment eut pour nouveau colonel le lieutenant-colonel marquis du Barrail.

A peine ces nouveaux dignitaires étaient-ils installés, qu'une lettre écrite de l'île anglaise de Montserrat (on devine bien dans quelle bénévolente intention) annonça aux habitants de la Guadeloupe que les Prussiens et les Autrichiens étaient entrés à Paris ; que la contre-révolution était faite en France.

M. de Mallevault, arrivant de la Martinique sur la frégate *la Calypso*, de menaçante mémoire, demanda à M. d'Arrot la permission d'arborer le pavillon blanc. Après quelque feinte hésitation de la part du gouverneur, la frégate hissa le pavillon blanc, et bientôt il n'en flotta plus d'autre à la Guadeloupe.

M. de Mallevault se hâta d'aller rendre compte à M. de Béhague, et à la Martinique comme à la Guadeloupe, le pavillon blanc fut partout aboré. A *Sainte-Lucie*, le gouverneur Gimat avait quitté son gouvernement. Le lieutenant-colonel Montels, qui commandait en son absence, refusa le drapeau blanc, et la petite colonie de Marie-Galante suivit l'exemple de Sainte-Lucie.

C'est dans cet état des choses, que l'expédition partie de Lorient parut devant la Martinique le 16 septembre. Le général Rochambeau envoya ses dépêches à Fort-Royal par son aide de camp Dancourt. Cet officier fut mis en arrestation par ordre de Béhague, au moment où il prenait terre : on le renvoya peu de temps après au général Rochambeau, et le capitaine de *la Calypso*, Malle-

vault, vint signifier aux chefs de l'expédition, de la part
de M. de Béhague, et de M. de Rivière, commandant de la
station, qu'ils eussent à s'éloigner, sans quoi ils seraient
traités en ennemis. Et en effet, les forts tirèrent à boulets sur deux bâtiments du convoi. Il n'y avait pas de résistance possible de la part du général Rochambeau : sans
parler des forts occupés par les rebelles, la station était
composée du vaisseau de 74 *la Ferme*, capitaine de Rivière ; des frégates *la Calyso* et *la Royaliste*, et des corvet-
tes *le Maréchal de Castries* et *le Balon*. La flotte française
dut reprendre le large ; et voyant également flotter à la
Guadeloupe le pavillon blanc, Rochambeau passa outre et
fit voile pour Saint-Domingue : la flotte mouilla sur la
rade du Cap, le 28 septembre 1792. A quelque chose malheur est bon quelquefois. Ce fut au secours inespéré que
l'arrivée de Rochambeau apportait aux commissaires français à Saint-Domingue, qu'ils durent de pouvoir déjouer
le plan de contre-révolution dont ils allaient être victimes
dans cette colonie. Ces commissaires invitèrent Rochambeau à prendre le gouvernement de Saint-Domingue, en
attendant les ordres de la métropole.

Cependant l'assemblée Nationale législative avait mis
fin à ses travaux, le 20 septembre 1792. Le gouvernement
dit *Révolutionnaire* avait commencé en France, et la convention Nationale était réunie. Cette mémorable assemblée, qui a fait tant de mal, et tant de bien, et des choses
si merveilleuses, marqua son début, le 21 septembre, par
le décret d'abolition de la royauté.

En France, à cette époque, on ne pouvait encore connaître le résultat de l'expédition du général Rochambeau;
mais le gouvernement révolutionnaire sentait la nécessité
d'étonner les colonies par le bruit des victoires et des

changements qui venaient d'avoir lieu en Europe. La Convention chargea le capitaine de frégate Lacrosse, commandant de *la Félicité*, d'aller en porter la nouvelle aux Antilles du Vent, « *afin d'empêcher* (portaient ses instruc-» tions) *qu'on reprît le change sur les événements du 10 août*.

Cet officier eut ordre de *répandre dans les Antilles, les décrets et les divers écrits qu'on lui confia ; d'éclairer les nouveaux citoyens, gens de couleur libres, d'attacher les colonies à la métropole par la reconnaissance et la fraternité ; d'employer tous les moyens que son patriotisme lui suggérerait pour faire aimer et respecter la République ;* et il lui était enjoint de rendre compte au ministre, de la conduite des agents civils et militaires dans les colonies.

M. de Lacrosse fit voile de Brest le 24 octobre, et arriva le 1er décembre devant Saint-Pierre (Martinique), où il apprit l'insurrection royaliste de la colonie et celle de la Guadeloupe. Il fut informé de la retraite de Rochambeau à Saint-Domingue. Il écrivit à M. de Béhague pour tâcher de le ramener à ses devoirs envers la patrie. Sa lettre fut remise, ainsi que divers paquets qu'il avait pour la Martinique, à la corvette *le Balon,* qu'il trouva devant Saint-Pierre. Mais convaincu du danger qu'il courait en restant dans le voisinage du traître de Rivière, qui se tenait à Fort-Royal, le capitaine Lacrosse fit voile pour l'île anglaise de la Dominique, où beaucoup de français fidèles de la Martinique et de la Guadeloupe étaient allés chercher un refuge contre les rigueurs de M. de Béhague et de M. d'Arrot.

La Félicité jeta l'ancre à Roseau-Dominique, le 2 décembre. M. de Lacrosse s'était abouché avec les réfugiés patriotes ; il se décidait à séjourner à la Dominique pour tenter de faire rentrer les rebelles sous l'obéissance à la

métropole, mais le gouverneur anglais James Bruce l'o-
bligea à se retirer. M. de Lacrosse fit alors voile pour
Sainte-Lucie : dans le trajet il fut inutilement poursuivi
par le vaisseau *la Ferme*.

Sainte-Lucie, alors justement nommée *la Fidèle*, accueillit Lacrosse avec enthousiasme. A cette époque,
l'assemblée coloniale de cette île se montrait pure ; elle
requit le capitaine Lacrosse de s'y établir avec sa frégate :
il obtempéra à cette invitation et expédia, par des avisos,
les paquets dont il était porteur pour Tabago et pour les
commissaires civils à Saint-Domingue.

Le capitaine Lacrosse, écrivant à Rochambeau, l'invitait à mettre à ses ordres les vaisseaux dont il pourrait
disposer.

L'arrivée inattendue de Lacrosse, dans un moment où
l'on croyait la Convention trop embarrassée pour pouvoir
s'occuper de ses colonies, porta le trouble et la terreur
dans l'âme des conspirateurs de la Martinique et de la
Guadeloupe. Puis couvrant leur effroi par des mesures
violentes et extrêmes, les assemblées de ces deux colonies publièrent une déclaration de guerre contre la
France républicaine. A la Guadeloupe, la peine de mort
fut prononcée contre quiconque tenterait d'introduire les
proclamations du capitaine Lacrosse. Mais en même
temps les patriotes de Sainte-Lucie se recrutaient de
tous les bons Fra   is qui pouvaient s'échapper de la
Martinique. A bord même des vaisseaux de la station de
M. de Rivière, il y avait nombreuse désertion chaque
nuit, et ces matelots abordaient à Sainte-Lucie sur des
canots enlevés aux bâtiments de leur station ou sur des
bateaux de pêcheurs.

Tout faisait présumer une prochaine réaction, elle ne

tarda pas à se manifester. La ville de la Pointe-à-Pitre (Guadeloupe) .n donna le premier signal.

Le bataillon du régiment de Forez, qui y tenait garnison, refusa de prêter le serment qu'exigeait de lui l'assemblée coloniale, et la plupart des habitants des deux villes de la Pointe-à-Pitre et de la Basse-Terre s'y refusèrent également.

C'étaient surtout les équipages des bâtiments de commerce français, mouillés à la Guadeloupe, qui témoignaient de l'horreur pour le pavillon blanc et qui s'accusaient avec fureur d'avoir cédé à la violence pour l'arborer. Ces marins s'emparèrent du fort de *Fleur-d'épée*, et y arborèrent avec de vives acclamations les couleurs nationales, le 28 décembre. M. de Béhague se hâta de renforcer le parti royaliste à la Guadeloupe par l'envoi des frégates *la Calypso* et *la Royaliste*, portant un train d'artillerie; tout cela ne fit qu'ajouter à l'énergie des républicains : marins français et colons patriotes se réunirent, se formèrent en compagnies, fortifièrent quelques points avantageux, armèrent des batteries, et parvinrent à repousser et à battre complétement les royalistes, qui étaient venus simultanément attaquer la Pointe-à-Pitre sur deux points différents.

Ce noyau de républicains, désormais formidable, députa auprès du capitaine Lacrosse à Sainte-Lucie. On l'invitait à venir prendre le commandement. Il arriva effectivement à la Pointe-à-Pitre, le 5 janvier 1793, et fut reçu avec une unanimité d'acclamations qui fit trembler M. d'Arrot.

L'exemple donné par la Pointe-à-Pitre entraîna bientôt toute la colonie; et il ne resta d'autre parti à prendre pour M. d'Arrot que de s'aller réfugier à la Trinité espa-

gnole, où le suivirent la plupart des officiers des troupes,
et un grand nombre de planteurs.

Il n'y avait pas huit jours que le capitaine Lacrosse
était à la Guadeloupe, que déjà toutes les paroisses de
l'île lui avaient envoyé des députations. Tout fut réorga-
nisé, de nouvelles municipalités instituées, le séquestre
fut mis sur les biens du clergé et des émigrés, en vertu
des décrets de l'assemblée Nationale des 3 novembre 1789
et 25 août 1792.

Les représentants des paroisses réunis à la Pointe-à-
Pitre, se constituèrent sous le titre de *commission générale
extraordinaire*. Le premier acte de cette commission fut
de déférer au capitaine Lacrosse le gouvernement provisoire de la Guadeloupe.

Le capitaine Lacrosse accepta, mais sous la condition
qu'il pourrait, chaque fois qu'il jugerait à propos de
s'absenter pour le bien de la république se faire représenter au gouvernement de la Guadeloupe, par le ci-
devant baron de Kermené, capitaine au 31ᵉ régiment
(Aunis), qu'il avait connu à son arrivée à Sainte-Lucie, et
qui était alors commandant militaire à Marie-Galante.
C'est ce même Kermené que nous verrons finir d'une manière si tragique à Sainte-Lucie.

La réaction républicaine ne tarda pas à gagner la Martinique. Les Français restés fidèles s'étaient ranimés;
leur nombre ostensible s'augmentait tous les jours.
M. de Béhague, perdant la tête, qui jamais chez lui n'a-
vait été solidement soudée, s'embarqua le 11 janvier; et
le lendemain il fit voile, avec tous les bâtiments de la
station et un grand nombre de planteurs de la Martinique,
pour l'île espagnole de la Trinité.

On se hâta de députer auprès du capitaine Lacrosse, à

la Guadeloupe, pour l'informer de cet événement et lui demander une règle de conduite ; mais en même temps que cette députation, arrivaient à la Guadeloupe et débarquaient à la Basse-Terre, les généraux Rochambeau et Ricard.

M. de Rochambeau avait sollicité du ministre de la marine Monge, l'autorisation et les moyens de se mettre en possession de son gouvernement de la Martinique. Le ministre lui répondit par un ordre positif de retourner à la Martinique, et ordonna aux généraux Collot et Ricard d'en faire autant à la Guadeloupe et à Sainte-Lucie. Rochambeau et Ricard, embarqués à Saint-Domingue sur le brick *le Lutin*, arrivèrent le 28 janvier 1793 à la Basse-Terre, où leur présence inattendue occasionna quelque fermentation ; on ignorait qu'ils fussent porteurs de pouvoirs du nouveau gouvernement de la France, et les républicains faisaient mine de s'opposer à leur débarquement. Mais le capitaine Lacrosse, accouru de la Pointe-à-Pitre, où il se trouvait alors, détrompa la population, et Rochambeau fut dès-lors reconnu comme gouverneur général des Îles du Vent. Il confirma le capitaine Lacrosse dans ses fonctions de commandant militaire à la Guadeloupe, pour les exercer jusqu'à l'arrivée des commissaires de la convention Nationale et des forces de terre et de mer qui étaient annoncées.

Le général Rochambeau fit voile pour la Martinique le 3 février, et il entra immédiatement en fonctions de gouverneur. Ce fut le capitaine Lacrosse qui l'y porta sur sa frégate, et qui de là fut déposer le général Ricard à Sainte-Lucie. C'était cargaison bien mêlée : un brave, un bon patriote, avec un traître, un vieux fourbe, dont la présence a été bien funeste aux bons Français à Sainte-Lucie.

Cependant le général Collot, parti de Saint-Domingue

sur le bâtiment *l'Ardeur*, arrivait le 6 février à la Basse-
Terre (Guadeloupe). Digne pendant de Ricard, il n'a paru
non plus parmi les républicains que pour leur malheur.
Les a-t-il trahis, ou n'était-il qu'un lâche? le résultat est
à peu près le même.

Tout d'abord les ennemis de la France parurent connaître le prix pour eux du digne Collot, et montrèrent de
l'insolence et de la turbulence.

La *commission générale extraordinaire* était perplexe.
Reconnaîtrait-elle les pouvoirs du général Collot, ou in-
viterait-elle le capitaine Lacrosse à continuer ses fonctions? Le général Rochambeau, consulté en sa qualité
de gouverneur-général, décida que la *commission générale*
n'avait pas le droit d'infirmer la nomination du général
Collot. Cette décision était de droit.

Cependant on venait d'apprendre aux Antilles que la
France avait déclaré la guerre le 1er février à l'Angleterre
et à la Hollande. C'était un événement majeur.

En terminant cette esquisse de la révolution coloniale,
nous éprouvons le besoin de protester contre toute mal
interprétation de nos sentiments. À ceux qui verraient
trop de vivacité dans certains reproches adressés aux hommes qui ont lâchement et traîtreusement déserté les couleurs de la France pour se ranger sous celles des ennemis
de la patrie, nous dirons avec le calme amené par l'âge
et de longues réflexions, que le souvenir des outrages
qu'on a fait subir à notre famille, restée fidèle à ses devoirs, n'influe nullement sur le jugement que nous por-
tons des cruautés dont nous avons été victime. Nous n'i-
gnorons pas les misères des révolutions, et nous sommes
pénétré de cette vérité, c'est que s'il est impossible
d'oublier, du moins faut-il savoir pardonner.

Nous sommes créole, de race blanche, et nous aimons

sincèrement les créoles ; non pas avec les vues étroites
d'une fraternité purement locale, mais comme des hommes de race française comme nous, et qui, sous le beau
ciel qui les éclaire, peuvent se rendre tout à fait dignes
de leur noble origine. « *Né dans le sérail, j'en connais les
détours.* » Personne mieux que nous peut-être, si nous
étions appelé à en tracer le tableau, ne pourrait rendre
compte de tout ce qu'il y a de véritablement estimable,
de séduisant et d'aimable chez le créole livré aux propres
inspirations de son cœur, généralement bon, compatis-
sant et généreux. Que par un effort de raison, plutôt que
d'obéir aux lois de l'impérieuse nécessité qui le lui com-
mandera tôt ou tard, le colon écarte enfin ce fatal ban-
deau qui obscurcit son intelligence, et il sera régénéré ,
pur et en paix avec lui-même le jour où la négrophobie
disparaîtra à ses yeux comme un pénible cauchemar
cesse aux premiers rayons du jour d'oppresser le patient
qui en a été tourmenté pendant les longues heures
d'une nuit agitée.

Mais que le colon se pénètre aussi de quelques vérités qui
ne semblent pas jusqu'ici s'être bien profondément gra-
vées dans son esprit. Qu'il apprenne que pour mériter de
faire partie de la grande famille française, en même temps
qu'on participe à l'honneur de cette illustre nationalité,
on a des devoirs à remplir, même des sacrifices à s'imposer ; le premier de tous c'est de ne pas croire que trente-
cinq millions d'hommes doivent se courber devant les
caprices d'un puéril amour-propre et sacrifier tous les intérêts nationaux aux prétentions d'une presque imperceptible fraction de la grande famille.

Que les colons enfin se rappellent qu'un certain jargon pé-
dantesque et prétentieux chez ceux que leurs richesses placent sur le chandelier de la société coloniale, ou que leurs

fonctions appellent à prononcer sur le sort des individus,
ne saurait tenir lieu des méditations de la jurisprudence
et de l'équité des décisions ; qu'une phrase peut être très-
sonore, mais fort peu concluante en matière de crimina-
lité; et qu'on peut être *véhémentement soupçonné* d'un délit
sans que s'ensuive nécessairement la condamnation qu'appelle ce délit.

Enfin, je résume mes avis affectueux, en suppliant mes
compatriotes de se ressouvenir d'eux-mêmes, de redeve-
nir ce que jadis ils ont été lorsqu'ils se sont couverts de
gloire à différentes époques en repoussant les étrangers,
en prenant comme soldats volontaires part aux expéditions de Destaing et de Bouillé contre les colonies anglaises. Comment ! est-ce qu'il ne reste pas des enfants de ces
volontaires de la Martinique et de la Guadeloupe qui
abandonnés à Sainte-Lucie par l'imbécile Lowendal sous
le feu meurtrier de la batterie de la vigie, se seraient fait
tuer jusqu'au dernier, l'arme au bras, plutôt que d'abais-
ser leur drapeau, si l'humanité du colonel anglais Grant
ne lui avait fait donner l'ordre aux artilleurs de la batterie
de cesser le feu ! Voilà des titres de gloire, mes chers compatriotes ! Cela vaut mieux pour vous que le dithyrambe
de certain paladin gascon qui nous apprenait naguères,
pour prouver que vous êtes tous des héros, qu'au moindre regard de travers vous n'hésitez pas à vous placer les
uns contre les autres à cinq pas de distance pour vous
fusiller à la carabine.

Quantum mutatus ab illo ! Qui se serait douté en 1779
qu'on verrait les créoles des Antilles françaises appeler
de tous leurs vœux les Grey, les Jervis ; servir dans leurs
rangs et se faire leurs pourvoyeurs de butin en livrant
leurs compatriotes à la rapacité britannique!

La preuve, au surplus, de mon peu de rancune poli-

tique, c'est la manière cursive et peu incisive avec laquelle j'ai raconté la période de 1790 à 1793, pendant
laquelle la ville de Saint-Pierre et ses adhérents dans diverses paroisses de la colonie, ont été aux prises avec
l'assemblée coloniale séant au Gros-Morne. Mille faits
odieux ont été passés sous silence, et ce qui est peut-
être plus méritoire de ma part, c'est que j'ai également
renoncé à peindre les scènes où le ridicule le disputait
à la férocité et à l'extravagance.

Ce fameux directoire permanent du Gros-Morne; ses
arrêtés, ses publications, sa gazette; voire même ses poè-
tes, ses chansons, ses odes en vers de dix-sept pieds!

Et Béhague avec sa jactance et ses fureurs! et les pa-
rades du vaisseau *la Ferme* et de la frégate *la Calypso ;* les
vexations de toute espèce contre les voyageurs des autres
colonies; les tributs imposés capricieusement au cabotage
colonial!

A la vérité, si j'étais entré dans cette voie, il m'aurait
fallu en toute justice parler aussi des chansonniers Pierrotins, de la lourde gazette de Thounens, des brûlots de
Vauchot et de Buffardin d'Aix; car Saint-Pierre aussi nous
faisait voir de fort drôles de choses *in illo tempore.*

Il est cependant une pièce sur laquelle tombent mes
yeux en ce moment, et je ne puis m'empêcher d'en dire
un mot; c'est une adresse de l'assemblée coloniale au
monde entier, qu'elle prend à témoin de ses griefs. Parlant des volontaires de la Guadeloupe, de Sainte-Lucie,
de Tabago, qu'elle qualifie indistinctement de brigands
accourus au secours de Saint-Pierre, ils étaient, dit l'assemblée coloniale, commandés par qui? . . . PAR UN
DUGOMMIER!

Par un Dugommier! insolents, glorifiez-vous plutôt

que le soleil de votre pays ait éclairé la naissance d'un
héros de courage, d'humanité et de sagesse, dont les mé-
rites plaident pour le pardon de vos extravagances.

Je me suis demandé quelquefois si Walter Scott ne serait pas allé à la Martinique en 1792. N'est-ce pas là qu'il
aurait trouvé les types *enragés* de Mucklewrath, de Bal-
four de Burleig; les types *pillards* de Bean Lean ; les
Children of the mist, l'original de Dugald Dalgetty de
Drumth-Wacket. Ah! pour celui de Callum beg, il n'aura
pu avoir que l'embarras du choix. Mais c'est en vain que
dans ma mémoire je cherche ceux de l'excellent baron de Bradwardine, de l'aimable comte de Menteith,
de Morton de Milnwood : je me souviens de bien des
rodomonts, mais rien ne me rappelle même un Edgar de
Ravenswood.

* * *

Il faut nous arrêter ici, puisque nous ne devons pas con-
fondre dans cette Situation des colonies, les faits de la guerre
maritime avec l'Angleterre. Mais bientôt en parlant de ces
hostilités, nous aurons de nouveau à dérouler une honteuse
page de l'histoire coloniale britannique et du concours diabolique que l'ennemi a trouvé chez d'indignes Français, traîtres à
leur patrie, infidèles à leurs serments et proscripteurs de leurs
concitoyens.

L'île de Sainte-Lucie en particulier a offert à l'humanité en
pleurs un déplorable faisceau de turpitudes et de cruautés.
Nous n'éprouvons aucune hésitation à en présenter le tableau
à l'indignation des gens de bien. Mais nous avouons que c'est
toujours à contre-cœur que nous nous trouvons forcé de tracer des chefs anglais un portrait où il est impossible de reconnaître cette nation généreuse qui s'est si souvent illustrée par

son humanité, son grand courage, par l'élévation de son caractère, et chez laquelle on est fier de compter un ami. Quelle est donc la méphistophélétique influence d'une casaque rouge, que ceux qui en sont affublés se transforment aussitôt en tigres et en dévastateurs !

C'est au mois d'avril 1796 que Sainte-Lucie, après une très-belle et très-honorable défense, est retombée au pouvoir des Anglais, qui y ont infligé des tortures et l'auraient convertie en un vaste sépulcre, si un homme qui leur inspirait la terreur de son nom victorieux et de son indomptable caractère ne les avait forcés, par la crainte des représailles, à mettre un frein à leurs excès. Victor Hugues, à la Guadeloupe, continuait de braver les Anglais et ne s'effrayait pas du formidable armement qui, aux ordres de sir Ralph Abercrombie et de l'amiral anglais Christian, avait paru dans la mer des Antilles. Malheureusement il ne fut que trop tard informé des actes qui avaient suivi la capitulation de Sainte-Lucie, et déjà bien des victimes avaient succombé ; mais lorsqu'il apprit ce qui se passait, il réclama ses concitoyens enchaînés sur les vaisseaux anglais : de nombreux prisonniers de cette nation, des prisonniers de marque, étaient détenus à la Guadeloupe, et l'on savait que Victor Hugues ne promettait jamais ni ne menaçait en vain : il se hâta d'envoyer auprès des chefs anglais pour leur signifier que le sort de leurs compatriotes dépendait absolument et irrévocablement de celui qu'on ferait subir aux Français à Sainte-Lucie. C'est ainsi qu'il y eut un terme à des persécutions inouïes dans les fastes des peuples civilisés.

Mais n'anticipons pas sur ces récits, qui vont trouver place dans l'histoire de la guerre aux Antilles.

13

www.ingramcontent.com/pod-product-compliance
Lightning Source LLC
Chambersburg PA
CBHW070303290326
41930CB00040B/1894